지성 · 감성의 메타언어
조선문학시인선 · 329

카이로스의 여정 속으로

박 경 서 시집

조선문학사

■ 시인의 말

이번 시집 『카이로스의 여정 속으로』는 10년이란 세월동안 좀더 깊은 경지로 나를 단련시키려는 연습과정을 노래해 보았다. 나를 내려놓으며 열린 마음으로 이웃에게 다가가려는 사랑 연습이라 할까. 아마도 이 연습은 내 인생의 마지막 날까지 지속되리라. 생활을 아름답게 하면 좋은 글이 나온다고 하신 박완서 선생님의 말씀에 공감하며 부족하나마 시 한 편 한 편을 조심스럽게 엮어보았다. 속내를 너무 내보여 부끄럽다는 마음 한편에 용기를 낸 자신이 대견스럽다고나 할까. 이미 주사위는 던져졌고 모든 것은 지금까지 인도해주신 하나님께 맡겨드리며 나름대로 당당해지고 싶다.

오랜 세월을 열정적으로 『조선문학』을 이끌어 오신 박진환 교수님께 감사드린다. 그리고 끊임없이 관심과 사랑으로 격려해주신 선후배님들과 우리 가정을 위해 기도해주신 모든 분들께 진심으로 감사하다는 말씀을 전하며 사랑하는 내 가족 앞에 이 시집을 바친다.

2012년 늦가을

박경서

카이로스의 여정 속으로

제1부
신앙시

제2부
성경 속의 위대한 여인상(像)

제3부
손주 세형이

제4부
여행시편

제5부
기타 시편

제6부
시집 평설

제1부

신앙시

무소유(無所有)를 위하여

공수래공수거(空手來空手去)라는데

날이면 날마다
열 손가락 좌악 벌려 욕망의 주머니 거머쥐기 위한
투쟁의 삶을 살고 있네

내게 무릎 꿇으면
천하를 다 주겠다는 마귀를 물리치신 주님
골고다 언덕에서
물과 피를 다 쏟으시며 형극의 길 가셨네
천하 만물이 주님의 손바닥 안에 있음에도

부귀영화도 한줌의 모래알이요
혈정도 우정도 한 가닥 바람인 것을
오직 오척단구 뉘일 곳으로 족할 뿐

바라기는 위선의 허울 벗어 버리고
주님의 청지기로
세상의 빛과 소금으로만 살고 싶네

산호혼식(珊瑚婚式) 기념일에

오랜 기다림으로 목마른
다사로운 어느 봄날 당신을 만났지요

첫 만남에서
우린 서로의 허허한 구석을 보아 버렸어요

신의 뜻이기라도 하듯
그 빈 구석을 메워 가자고 두 손 맞잡았지요

어느새 서른 다섯해란 여정을 함께 했군요

셀 수 없는 많은 얻음과
잃음의 교차였구요

삶이란 어차피 생성(生成)과 소멸(消滅)의 교차이듯
얻음과 잃음의 과정이 아니던가요?

어두운 터널을 지나온 자만이
더 밝은 태양 앞에 설 수 있듯이요

분주한 서울을 떠나와
한가로운 산책길에 오른 우리의 감회
서로에게 더 이상 좋을 수 없는
로봇이었군요

이제, 또 가야 할 인생의 여로에서도
함께 참 좋은 로봇으로 살아가요

주님이 부르시는 그날까지

※ 산호혼식 또는 비취혼식 : 결혼 35주년 기념일

중환자 대기실에서

밧줄로 포구에 정박된 배처럼 침상에 묶인
지아비를 중환자실에 홀로 뉘어 놓고

중환자 대기실 한쪽 귀퉁이에 타월 하나 의지해
옆으로 누우니 고도에 홀로 남겨진 서늘함이 엄습하네

밤은 으슥하여 이곳 저곳에서 지친 신음소리 낭자한데
곤두서는 내 의식을 다독이며
님을 향해 한 걸음 한 걸음 다가가네

네 고통 내 고통 감싸매고, 들쳐맨 보호자들
남편은 좀 어떠세요?
아들은, 딸은 좀 어때요?

물음에 속울음 감추며
애써 쓴 웃음으로 그만 그만해요 한다
여자는 약해도 아내는, 어머니는 강하다

아침 일찍 병실에 나가 남편을, 아들을, 딸을 수발들고
돌아온 그녀들은 대기실에 다시 모여 아침을 나눈다

새 가족들도 어느새 한 가족 되어 언니 동생하며
다과회로 잠시 따뜻한 웃음꽃 피운다
동병상련(同病相憐)의 사랑이다

그녀들은 오직 병상의 가족이 굳건히 털고 일어서는
부푼 꿈 안고 지친 몸 추스르며 순례길을 간다

주님 오늘 하루도 저들에게 생수를 부어주소서

용서

– 고난주간을 맞으며

신 아닌
인간이 만든 지옥
아우슈비츠 수용소

하켄크로이츠(卐)의 쇠사슬에 묶여
죽음을 당했던
생지옥

신의 가호였을까
선택이었을까
기적으로 살아남은 코리텐 붐 여사

하나님의 복음 전하려 전도사 되어
주님의 이름으로 게슈타포 용서하겠노라
외치고 내려온 단하에서
손 내미는 살인자

절대불가를 외치면서 돌아서는
등 뒤에서 들려오는
"사랑하는 딸아, 내가 너를 용서했듯이,
그를 가엾이 여겨 용서해라"는 주님의 말씀에
드디어 손 내미는 코리텐 붐

주님
용서와 미움의 갈등으로 아파하는
이 못난 딸을 용서해 주세요
주님

바보연습 · 2

"오호라 나는 곤고한 사람이로다
이 사망의 몸에서 누가 나를 건져내랴."(롬 7 : 24)

바울 사도의 긴 탄식이
귓바퀴를 돌려 메아리로 감긴다

하루에 십수 번
십자가 언저리를 배회하는
내 영혼도 따라 감긴다

감기면서 울부짖는
추락하는 내 영혼의 잔류

시지프스의 신화를 넘어서기 위한
내 영혼의 담금질로 나를 바로 세우며

오늘도 나는 바보 연습중이다

영원한 속죄

"목사님, 저 구원 받았나 확인 좀 해 주세요"
마주칠 때마다 채근하며 묻는 이가 있단다

구원은 물음이 아니라 깨달음이란 것을 일깨워 주지 못해
안타까움에 목이 메인다는 어느 목사님 말씀

"저도 동감이에요, 목사님
왠지 자주 두렵고 궁금하거든요
구원의 길 바로 걷고 있는지"

"사랑하는 딸아
십자가 위에서 영원한 속죄(히 9 : 12)를 이뤘느니라
이제 종이 아닌 내 고귀한 딸이니 두려워 말고 평안하라"
지그시 미소 지으시며 바라보시는 우리 주님

용서 · 3

– 손양원 목사님의 생애

일제가 강요한 신사참배를 거부하며
그 잔혹한 전기고문의 감옥 속에서
매시간, 기도와 용서로
마음의 강둑을 쌓아올리신 손 목사님

드디어 조국의 해방 맞아
찬란한 태양 아래서
조국과 민족에 대한 사랑을 봇물처럼 풀어
품어 내시던 어느 날

예수반동이란 무리한 죄목을 씌워
붉은 깃발 든 폭도들의 총탄에 쓰러진
두 아들을 가슴에 안고
몸부림치시던 목사님

약소민족의 설움에서 겨우 벗어난 조국
동족이 씌운 터무니없는 죄목은 또 뭔가

아들의 친구였던 붉은 앞잡이,
두 아들의 생명을 앗아간 원수의 구명운동에
뛰어드신 목사님

“네 원수를 사랑하라”

두 아들의 죽음 앞에서
절대로
아니 절대로 용납되어선 안 될 시점에서
세미하게 들려오는 주님의 음성

지은 죄가 얼마나 큰가를
가늠조차 못하는 야생마를
두 손 꼭 잡고
새롭게 태어나기를 거듭 설득하며
오랏줄을 풀어 양아들로 맞이하셨으니

용서만이
허다한 허물을 덮을 수 있음을
만천하에 보여주셨네

새 아들을 맞이한 기쁨도 잠시
이데올로기를 빙자한 붉은 총부리는
양아들의 오열 앞에서 아아
손 목사님의 넓은 가슴을 꿰뚫고 나갔네

"하나님, 저들의 영혼을 불쌍히 여기시고 용서하소서
하나님 믿고 천국 가게 하옵소서"

우리 주님 닮은 용서를 넘어선 사랑 앞에
조용히 부복할 뿐이네

사랑

나의 시(詩) 「바보연습」의 주인공이신 치자꽃 언니와 함께 기도 동산에 올라왔네

"언니 힘든 일이 있어요 기도 동산에 함께 가실래요?"

"좋아, 요즘 왠지 나도 기도 동산에 오르고 싶거든"

텔레파시가 통했나보다고 우린 얼싸안고 울었네 문제 보따리를 풀어놓은 나를 지그시 바라보시는 언니

"우리 합심 기도하자 주님께서 우리 기도를 받으시고 싶은 거야 그분은 사랑하는 자녀들을 은근히 부르시는 분이시거든"

맞아요. 자신이 마치 선줄로 알고 세상 일로 분주한 때도 끊임없이 그분은 내 곁에 임재하심을 깨닫게 하셨죠 다만 내가 외면하고 지냈을 뿐, 마음속으로만 중얼거렸네

우리가 두 손 맞잡고 감사기도 드릴 때 주님께선 뜨겁게 뜨겁게 역사하셨네 어려운 일 있을 때마다 보내는 나의 SOS에 다정하게 품어주시고 위로와 격려로 일으켜 세워주신 치자꽃 언니에게서 주님의 사랑을 만나고 돌아오는 길은 마냥 행복했네 마음이 무너져 사랑받기 원하는 누군가에게로 달려가고픈 발걸음이었네

좀 더 일찍 알았더라면

얼마나 사랑했기에
그토록 오랜 세월을 머리털 하나까지 세시며
일일이 간섭하셨나요

주님의 손길인줄 몰랐기에
오랫동안 고뇌의 심연에서 허우적였지요

좀 더 일찍 주님이신 줄 알았더라면
고통과의 동행으로 삶을 즐길 수 있었을 것을

동방의 가장 큰 사람 욥은 하루아침에 열 자녀와 전 재산을 잃고도 "주신 자도 여호와시오 취하신 자도 여호와시니 여호와의 이름이 찬송을 받을지어다"고 하나님을 원망치 않고 슬픔 중에도 변찮는 신앙을 고백했고 나중엔 몸이 악창이 심하여 기왓장으로 긁고 있을 때 하나님을 욕하고 죽으라는 아내의 악에 찬 야유에도 "우리가 하나님께 복을 받았은즉 재앙도 받지 않겠느냐"며 입술로 범죄치 않았다 고난의 강(江)을 무사히 건넌 욥은 하나님의 절대주권과 절대사랑을 깨달았고 다시 열 자녀를 선물로 받고 잃은 것들을 갑절로 회복하였다

이렇듯 고난이 내게 유익임을 일찍 알았더라면
삶의 굽이굽이에서 맞는 성난 난파에도
그토록 슬퍼하진 않았을 것을

핏덩이로 엄마의 품 떠나 증조모님 밋밋한 가슴팍에서
빈 젖 빨던 일 절대로 원망하지 않았을 것을

꿈 많던 소녀시절 벗들과 키재기 하던 때
공연히 벗들과의 시샘과 열등의식으로
밤잠 설치던 어리석음은 없었을 것을

벗들과 주어진 삶의 혜택들이
왜 내겐 슬쩍 비켜만 가는 것일까 하고
비통해 하진 않았을 것을

오히려 무엇이나 홀로 섭렵하며 키워진 자립심에 감사
했을 것을
지금 깨달아 알게 된 모든 것들이
주님의 예비하신 손길임을 좀 더 일찍 알았더라면
주어진 것들에 겸손히 무릎 꿇고 감사했으리라

욥처럼 요셉처럼 고난을 축복의 기회로 바꾸시는
하나님을 더욱 의지하고 사랑하였으리라

받은 바의 은혜에 감사하며
내가 먼저 손 내밀고 이웃을 포용하였으리라

주님의 손길임을 좀 더 일찍 알았더라면

그대 이름은

내 사랑, 아픔, 미움의 노래는
그대 이름

사랑과 아픔과 미움의 노래 부르며
그대로 하여 산다오

그대 이름 내 곁에, 내 이름 그대 곁에
앞서거니 뒤서거니 동행하는 행려

그대와 나
나와 그대는 걷는 길 하나이듯
우리는 하나인 불이(不二)인 것을

최고의 미와
최고의 선은 하나됨
하나 되어 미와 선으로
무궁토록 살고 싶구려

그대와 나

맥시 밀리엄 콜베 신부님

아우슈비츠 감옥에 갇힌
맥시 밀리엄 콜베 신부님
찬바람 매섭게 부는
어느 깊은 밤 이웃 감방에서 들려오는
모자의 애끓는 울음소리

울음소리 속엔 내일 아침이면 모자가
사형을 당하는 비통과 두려움이 피에 젖어 있었네

홀홀단신인 콜베 신부님
그들 대신 아사(餓死)를 자청하여
주님 닮은 아름다운 최후로
주님 품에 안기시니
죽음이 곧 삶이었네

오랜 세월 지난 후
신부님과 운명을 바꾼 모자는
하나님 은혜로 아우슈비츠 생존자 대열에 끼었고
어머니의 아들은 또 한분의 콜베 신부님 되어
믿음의 거인이 되었다네
한 알의 밀알이 썩어져 좋은 열매 맺혔음이네

신부님의 이야기를 듣는 내게
지나는 바람이 가슴을 후비며 묻고 있네
어떤 밀알로 살고 있느냐고

천업(天業)

등에 한 무게로 짊어진
형업(形業)

날 세워 갈고 닦아 다듬은
탑석(塔石)
층계처럼 탑신 일으켜 세워
탑두(塔頭) 들어올리고

반짝이는 동공으로
빛나는 눈동자는
밤을 밝히는 별
상경(相京)인들은 언제부터인가
별이 되고

별이 되어
형업(形業) 천업(天業)으로
감사하는 하늘바라기

두 손 모아보는
감사

도피성

높으신 보좌 떠나
영멸할 우리를 위해
낮고 천한 이 땅에
도피성으로 오신 주님

어제도, 오늘도
높이 더 높이뛰기
경주에만 몰두한 우리네 삶

죄인 찾아 피난처로
일곱 번에 일흔 번까지 용서해야 할
제자 된 본분 위해

창살 없는 수인(囚人)된 내 모습 보며
허다한 허물 덮고 또 덮어
주님 닮은
사랑의 도피성 되리

양팔 없는 천사 '레나 마리아'

레나 마리아
그대의 오뚝이 삶과
뒤뚱거리는 펭귄의 모습이
진정 사랑스러웠소

그대 소녀적
양팔 없는 천사가 되어
한 마리의 인어 되어
온몸으로 투신하는 모습은
장애자 올림픽의 꽃이요 우상이었지

그대 오늘 완숙된 자태로
찬양할 때마다 쏟아지는
사랑의 불꽃
사랑의 프리지어 향기
사랑의 쌍무지개

듣는 우리 가슴을
새끼줄로 조이고
뇌성으로 쿵쾅거리다가
마침내는 천국을 나는 환상을 안겨 주었소

그대 다시 태어나도
이 모습 이대로이길 소망한다는 말
아미(蛾眉)에 길이 새기고 싶소

나에게

'이 시대의 순교란 화를 내지 않는 것이다'라는 목사님 말씀

'왜 나는 작은 일에 자주 화를 내는가?'
종종 별일 아닌 일에 분노를 폭발하고 나선
자신에게 묻는 말이다

사실은 '왜'란 어이없는 질문임을 나는 알고 있다
꼭 있어야 할 일이 있었던 것뿐이니까

알고도 자주 화를 내는 건, 정말
옳지 않는 일임을

나는 바보

금이 간 허리의 물리치료 후 어쩌다 그만 바닥에 놓친 가슴 보조기를 멍하니 내려다보고 있는 내게 “제가 도와드리죠. 시간이 흐르면 좋아질 것을 일단 다치고 나면 누구나 바보가 되어 버리죠” 오랜 경험에서 얻은 물리치료사의 미소 띤 위로 한 마디

“그래 맞아, 난 지금 바보야 타인의 도움이 절실한”

그토록 오랜 시간 반복된 ‘바보연습’
머리와 가슴을 넘나드는 가이없는 남북전쟁

“그래 맞아, 오래 참으신 그분이 마침내 일을 내신거라구 야곱의 환도뼈를 치신 그분이”

얼마나 사랑하셨기에
내가 부재(不在)인 바보
지금 내 마음은 해맑은 가을 하늘이다

제비 새끼들처럼

– 병상일지 · 1

정형외과병동 입원환자인 우리들
너나없이 부모님의 명품 자녀로 일상을 살고 있었네

어느 날 홀연한 쓰나미와 토네이도에 휩쓸려 그만
구겨진 신문지처럼 하얀 병상에 뉘여졌네
나도 너도, 내 고통 네 고통이 오버랩 되어
심신이 짓눌려졌네

수술환자의 통증이야 생사의 기로에서
시간이란 좋은 약이 해결하나
장기환자의 우울증은 인생을 피폐시키지

가족과 친지의 위로방문과 위로전화
한 통화가 다이놀핀을 생산해내고
생(生)에의 애착은 치유를 앞당기는 활력소라네

무료하면 병원 마당으로 바람 쐬러 나가
병원 문 앞 의자에 제비 새끼들 어미먹이 기다리듯
오가는 사람들과 지나는 차들을 하염없이 바라보고

거동 불가능한 환자들은 종일을
TV를 통하여 세상의 움직임을 바라보네
날아다니는 새들을
뛰어다니는 개들을 부러워하고
꽃동산을 신록을 그리워하네

그러는 사이 무심한 시간은
바람처럼 빠르게도 느리게도
우리 곁을 지나가지

누가 아픈 환자에게 자숙하라 말하는가
아픈 시간은 누구에게나 철학하는 시간인 것을

이제 다시 시작하는 거야

– 병상일지 · 2

신록의 좋은 계절
삼복더위 중턱에 넘어져 그만
요추에 금이 가고 말았다
청천벽력 병상에 눠여졌다

한 달 반이면 나으리라던 허리
석 달 되어도 요지부동
여섯 달 만에 금간 요추가 붙었으나 요주의란다

그간 사랑하는 가족과 형제 친지들께
삼복더위에 괴롬 끼쳐 죄송스럽고
그들 사랑의 힘으로 아픈 상처는 아물어갔다

앞만 보며 달려온 내 생을
되돌아볼 시간 허락하신 분께
목이 메이고 또 메이고…

이제 1년여 다 되어가는 시점
그간의 아픔은 내 후반기 삶의 시작을 위해
꼭 필요했었어
다시 뛰며 나를 바로 세우는 거야

찔레꽃 언니께

아기자기한 순백의 요정들 잔치
그윽한 향기로 발길을 이끄는 찔레꽃 사랑

은근한 미소로 아우들을 정답게 품어주시던
찔레꽃 영혼 닮은 내 작은언니

오늘도 하얀 찔레향기는 호암산 중턱에 흐드러지는데
세월의 무게에 짓눌려 세상 줄 놓고 치매를 앓고 있는
내 언니의 영혼은 지금 어디에

평생을 주님 안에서
오직 기도와 인내로
형부와 여섯 자녀를 그리스도 사랑으로 다독이시며
넓은 멍석을 펼치시던 장한 내 언니

부디 쾌차 하소서
찔레꽃 향기로운 꽃동산에서
우리 팔형제 손에 손잡고 활짝 웃을 수 있게

사랑하는 찔레꽃 내 언니시여

가시고기 언니를 보내드리며

목에서 식도로 연결하여 연동식으로 연명한지 열흘째
치매를 앓다가 폐렴까지 겹쳐 지칠 대로 지치신 가시고기 언니
산소마스크에 의지한 채 눈을 떴다 감았다 가족들을 만나는 삶

그날 밤 조카들은 엄마의 상태가 마지막일지 모른다는 예감에
밤을 지새며 찬양으로 엄마의 마음을 위로했네

그간 자주 찾아뵙지 못했다고 용서를 구하고
조카들끼리 소통부재의 삶을 살아 미안하다고 사과하며
손에 손 잡고 화해하는 모습이 대견했네

조카들은 엄마의 천국 가시는 앞길을 활짝 열고
천사들 뒤따라 나비처럼 훨훨 날아 주님께 가시라고 기도했네

하나님께 엄마의 영혼을 맡기는 믿음의 자녀들
목사로 신학생으로 집사들로 잘 키운 언니는 축복받은 행복한 어머니였네

자나 깨나 남편의 영혼과 자녀들의 믿음생활 위해
노심초사 한나처럼 기도하신 가시고기 언니
아우들에 대한 사랑 또한 극진하셨네

이생에서의 고통과 행복의 모든 인간사를 고이 접으시고
언니는 새벽녘 평화로운 모습으로 천국 가셨네

마지막 염을 마치고 입관하기 전 남은 가족들은
언니의 주위에 병풍처럼 둘러서서 천사 같은 얼굴을
어루만지고 입맞춤하며 한마디씩 속삭여드렸네

조상의 납골묘에 언니의 잔해를 모셔드리고 돌아오는 길
내 초등학교 시절 언니 손잡고 교회 나가 예수님 찬양하며
무릎 꿇고 기도하던 옛일이 아련히 떠올라 목이 메었네

지금은 천국을 누리고 계실 언니의 영혼을 기리며
남은 자들에게 맡기신 하나님의 사명 잘 감당하자고
조카들과 얼싸안고 기쁨의 눈물을 흘렸네

구원의 새 노래 부르며

날이면 날마다 우리 모두
칼의 노래 부르며
이전투구의 삶을 살고 있네

마소의 이웃 아닌
창조물 중 으뜸인 인간임에도

한 알의 밀알이
구원의 노래 부르며
죽고 썩어져 영원히 사는데

호시탐탐
하늘 향해 높이 더 높이 오르려다
회귀 불능한
영원한 음지행(行) 아니 될는지

연습이 불가능한 우리 생애
크로노스 아닌,
카이로스의 여정 속으로
구원의 새 노래 부르며
남은 자로 우리 함께 걷고 싶네

네 원수를 사랑하라

어느 집사님의 간증, 집사님의 남편이 'ㅅ식당' 여주인과 내연의 관계인데 알고도 모른 채 속앓이 하던 어느 날, 직장에서 퇴근한 남편은 모처럼 살갑게 다가오며 한 가지 부탁이 있단다 착하기만 한 우리 집사님 무조건 OK 하기로 마음하고 물은즉 'ㅅ식당' 이 요즈음 사람손이 무척 달리니 부엌일을 좀 도와주면 어떻겠느냐다 순간 가슴속 깊은 골짜기에 숨었던 사자후가 불끈 솟구치는 걸 억누르고 흔연스럽게 요즘 세상에 그토록 바쁘다니 얼마나 다행스런 일인가고, 내일부터 도와주겠노라고 쾌히 응락했다

다음날 'ㅅ식당'으로 찾아간 집사님 나는 이XX 씨의 안사람인데 남편의 부탁으로 부엌일을 도와드리러 왔노라 했다 여주인은 갑작스런 일에 눈이 휘둥그레 얼굴이 붉으락푸르락 하더니 한참 후 안으로 안내하였고 차를 대접하며 정중히 무릎을 꿇었다 "실로 천부당만부당한 말씀입니다 이런 요조숙녀분과 함께이신 줄 모르고 제가 큰 잘못을 저질렀습니다 다시는 선생님을 가까이 하지 않겠으니 용서하시고 돌아가시지요"였다

다음날 집사님은 이번엔 머리수건과 앞치마까지 준비하여 'ㅅ식당'으로 출근했다 진정으로 돕고 싶어서였다 두 달여 출근하는 동안 집사님과 식당 여주인 사이에는 인간적인 교감이 이루어져 아우 먼저 형님 먼저 하면서 전도되어 함께 신앙생활이 시작되었다 마침내 집사님의 남편은 하하 호호 사랑스런 두 여인을 차에 모시고 구원의 새 노래를 부르게 되었단다

"너로 억지로 오리를 가게 하거든 그 사람과 십리를 동행하고"

집사님을 향한
온 하늘과 온 땅의
침묵의 갈채
내 귓바퀴를 쟁쟁히 뒤흔들고 있었다

가을 길

엇다매 불났당께 불났어잉

빨강 노랑 주황불들이 활활 막 타오르고 있네그려

오매 저 멋진거

참말로 세상천지가 왼통 불구덩이여 불구덩이

하나님은 진짜 재주꾼이시랑께잉

다섯 사람의 벌어진 입 닫힐 줄 몰라라

제2부

성경 속의 위대한 여인상(像)

나보다 옳도다

– 지혜로운 며느리 다말

야곱의 넷째 아들 유다는 며느리 다말에게
“그가 나보다 옳도다” 했다
가계를 이으려는 소명을 이루기 위해 목숨 건 며느리의
지혜롭고 가상한 묘책이 적중했음에

시아버지 유다의 결단은 정당했음에 박수를 보내고 싶다
하나님은 백 프로 옳으신 분이시다
아무리 인간적으로 도덕적으로 약점이 충만할지라도
하나님이 옳다 하시면 옳은 것임을

‘나보다 옳도다’는 하나님 앞에서
상대의 옳음을 인정한 말이나 쉽지는 않다
노력한다고 애쓴다고 나오는 말 아니다

오로지 ‘내 탓이오’ ‘당신이 나보다 옳도다’ 할 때만이
진정 화해가 이뤄지지 않을까

유다는 다말에게서 베레스와 세라를 얻어서 온 형제의
찬송이 되고 예수님의 조상이 되었고

다말은 대책 없는 유다 가계의 난제(難題)를
과감히 해결한 용기 있는 여인(女人)으로 우뚝 섰다

끈기로 승리한 여인 한나

총애 입는다는 이름의 복 받은 여인 한나
남편 엘가나의 더 없는 사랑과 보호막에도
자녀가 없다는 이유 하나만으로
후실 브닌나에게 멸시와 조롱을 받았으니

남편에게 사랑 받으면서도 이해 받지 못하고
여인으로서 브닌나에게 이해 받으면서도 사랑 받지 못한 고통
여인에겐 사랑과 이해가 함께 절실했으니

원통함에 사무친 한나
하나님 앞에 나가 인내와 끈기의 기도를 바쳤네

고난을 통해 하나님 섬기는 비결을 배웠고
진실 된 마음의 기도는 하늘 보좌를 움직였네

마침내 아들을 낳아 하나님의 일꾼으로 드렸으니
이스라엘의 대 선지자 사무엘이었네

사무엘에 의해 이스라엘 첫왕 사울왕이 세워졌다가
하나님의 진노로 폐위되고
다시 사무엘에 의해 다윗왕이 등극했네

위기의 오늘을 사는 우리 여성들은
오직 하나님 향한 끈질긴 기도만이
우리를 승리케 할 수 있음을

'환난 날에 나를 부르라, 내가 너를
건지리니 네가 나를 영화롭게 하리라'(시편 50 : 15)

여(女)선지자 드보라

가나안 왕 야빈이 이스라엘을 탄압할 때
여호와께 부르짖은 이스라엘 민족에게
여(女)선지자 드보라를 일으켜 세우시고
바락과 함께 야빈의 부하 시스라와 맞부딪치셨다
철병거 900승을 갖은 적을 맞아
골리앗을 물리친 소년 다윗처럼 당당히 싸워 이겼다

여호와 하나님의 총 진두지휘아래
드보라와 바락은 서로를 격려했고
흩어진 열두지파의 연합전선 구축과
뛰어난 용병술의 승리였다

남성도 나서기 힘든 난세의 조국을
한 남자의 아내요
여선지자로서 사사가 된 드보라의 쾌거였다

죽으면 죽으리라는 믿음으로 유대민족 구한
바사제국의 왕후 에스더가 그러했고
우리 조국엔 유관순 열사가 있었다

각기 나라와 시대의 요청에 따라
지혜로운 여성들이 분연히 일어났음을 안다
IMF 이후
최대의 위기상황인 우리 조국

오늘을 사는 우리 여성들이
드보라로
에스더로
유관순으로
거듭 태어나길 소망해 본다

사랑스런 여인

- 룻

세상에서 가장 아름다운
고부간의 사랑 이야기

처절히도 박복한 시어머니 나오미를 껴안은
이방 며느리 룻이 일구어 낸 대 서사시

먼 이국에서 남편과 두 아들을 잃은 나오미가
홀로 고국 베들레헴을 찾아 떠나려 할 때

일찍이 시어머님의 기도를 배워서
홀로 기도탑을 쌓아온 현숙한 여인 룻

어머니의 하나님이 나의 하나님이요
어머님의 조국이 나의 조국이라고 부르짖는
지혜로운 며느리

룻의 인생을 염려하며 뿌리치는 시어머님을
격려하며 섬기는 마음을 보신
하나님은 그들 고부간을 인도 하셨으니

마치 금의환향이라도 한 듯
모든 것 떨쳐버리고 먼 이국으로 떠났던 나오미의 가족들이
모든 것 잃고 이방 며느리 데리고 나타났을 때
베들레헴의 싸늘한 인심엔 할말을 잃었을 뿐

오직 생명의 연장을 위해 굴속에 기거하며
이삭줍기에 나선 아리따운 며느리 룻이
베들레헴의 유지 보아스의 눈에 띄었고
이방 여인 라합의 아들인 보아스의 동정을 사기에 충분했으니

선의 상징인 보아스의 눈동자엔
진주처럼 빛나는 룻의 삶이 클로즈업되어
자상히 대해주는 보아스에 대한 존경의 염은
룻의 가슴에서도 물보라를 일으켰다

그들의 마음을 읽은 시어머니 나오미의 지혜로
두 사람은 부부로 맺어졌다

보아스는, 예수님의 예표였으니
예수님을 만난 그들의 삶은 한편의 대 역전 드라마였다

인생의 모든 문제는
이방인의 피의 문제가 아닌
하나님에 대한 믿음의 문제였음을

룻의 찬란한 생애가
끊임없이 증언하고 있다

눕기 전에

– 기생 라합

기생 라합은 '우리 주 그리스도 안에 있는 영생'
이 구원의 비밀을 알았기에 또한 중요한 때를 알았다

정탐꾼 두 사람이 "눕기 전에" 지붕에 올라간 기생 라합
이 밤이 지나면 그들이 떠날 것이기에 가족의 구원 위해
절체절명의 소망을 이뤄낸 지혜로운 여인이었다

에스더의 실기하지 않고 "죽으면 죽으리라"라고 왕 앞에 섰기에 이스라엘 민족을 살렸고
수로보니게 여인은 개 취급 받으면서도 딸의 구원을 이루었다

라합이 '눕기 전'에의 기회를 놓쳤다면
이스라엘 역사에 믿음의 조상으로 오래 기억 되었겠는가

오늘 우리에게 중요한 것도 '눕기 전에' 해야 할 일이다
구원의 기회가 다 지나가는데 게을러서 망설이다가
붙잡지 못하고 놓쳐버리고 나서 후회할 수 있음에

"눕기 전에" 믿지 않는 가족들 위해
"눕기 전에" 사랑하는 일가친지 이웃들 위해
기생 라합처럼 구원의 줄을 붙들어야지
구원의 불을 지펴 올려야지

죽으면 죽으리라

- 에스더

바사제국 아하스에로왕 때
유다 백성이 바벨론의 포로생활로 고난 중

고아인 아리따운 처녀 에스더는
사촌오빠 모르드개의 집에서 양육되었네

어느 날, 모르드개의 권유로
왕후 간택에 참여한 에스더
왕의 총애 받아 왕후로 간택되었고
오빠 모르드개는 대궐문 관리인 되는 행운을 얻었네

유다 위한 하나님의 특별한 계획이 시작 되었네

바사제국 2인자인 교만한 하만은 자기에게
무릎 꿇기 거부한 유다인 모르드개를 빌미로
유다인 말살정책을 펴 나갔네

민족의 대 위기를 맞아 지혜로운 모르드개는
에스더가 분연히 일어서기를 종용하였네

"네가 왕후의 위를 얻은 것은
이때를 위함이 아닌지 누가 아느냐"(에스더 4 : 14)

에스더는 사촌오빠께 화답하기를
"유다인 다 모으고 나를 위하여 금식하되
밤낮 삼일을 먹지도 말고 마시지도 마소서
나도 나의 시녀와 더불어 이렇게 금식한 후에
규례를 어기고 왕에게 나아가리니 죽으면 죽으리라"(에스더 4 : 16)

왕의 총애를 깊이 누릴 수 있는 왕후의 좌에서
왕의 허락 없이 앞에 나아가서는 안 되는 국법어긴 왕후 에스더
"죽으면 죽으리라"는 죽음 무릅쓴 결단은
하늘 보좌를 크게 움직였네

하나님의 특별한 계획은 성취되었고
하나님의 주권적 섭리는
유대민족을 자유케 하였네

오늘도 하나님은 나에게 순간순간 묻고 계시네
위기에 처한 조국 위해 어떤 믿음으로
살고 있느냐고

이 시대를 사는 여성들이 각자 처한 위치에서
에스더의 "죽으면 죽으리라"는 결단하는 믿음의
용기를 보일 때가 아닌가고

"너는 내게 부르짖으라 내가 네게 응답하겠고
네가 알지 못하는 크고 비밀한 일을 네게
보이리라"(렘 33 : 3)

여인 중의 여인 밧세바는

낭만주의 화가가 그린 「목욕하는 여인」처럼
비너스의 아리따움을 지닌 연인으로 치부했던 밧세바

오늘 그녀의 진면목을 깨우쳐 알게 되었네

아닌 밤중에 홍두깨 맞는 격이라 할까
다윗 임금에게 받은 상처 삭여 내느라
마음고생은 오죽 했으리
설상가상 사랑하는 남편 우리아와의 사별의 아픔도 잠시
숱한 여인들의 눈총을 받으며
임금의 후궁이 되는 처절함
아름다운 여인이 받은 불운
그 후엔 홀연히 역사의 안개 속으로 감감해질 뻔한 그녀의 처지
아아 그러나 그녀는 총명스런 명승부사
고난도의 여건들을 가능성으로 역전시킨 혜안을 갖추었네

다윗 임금의 충직스런 군신이었던 아버지 엘리암의 사랑
다윗 임금에게 칼날 같은 충언으로 개심시킨 나단 선지자의 보살핌
사랑하되 임종의 찰나까지 사랑했던 다윗 임금의 총애를 업고
많은 후궁과 왕자들을 두루 살갑게 거느리는 넉넉한 이해와 포용심이
그 위에 하나님에 대한 깊은 신심이

왕중 왕 다윗왕의 현숙한 아내요
지혜의 성군 솔로몬왕의 어진 어머니 됨의 버팀목이 되었었네

여인 중의 여인 밧세바는

지혜로움으로 왕비된 아비가일

– (삼상 25 : 1~41)

다윗왕이 사무엘 선지자에게 왕이 되도록 기름부음을 받고도 사울왕의 시기질투로 쫓겨 다닐 때 추종자들과 함께 광야의 목자생활 중 나발이란 인색한 부호의 양들을 보호하며 돌봐 주었네

어느 날 음식과 생필품의 도움을 청하러 보낸 다윗의 심부름꾼 소년에게 나발은 다윗을 모욕하는 말로 악을 쓰며 내쫓았네

"다윗은 누구며 이새의 아들은 누구뇨?"

어디서 온지 알지 못하는 자들에게 음식과 생필품을 내어줄 수 없다는 보고를 받은 다윗의 일촉즉발의 분노는 곧 전투태세로 무장하고 나발에게로 향했네

위기일발의 순간을 나발의 일꾼에게서 듣게 된 그의 처 아비가일은 재색을 겸비한 슬기로운 여인이었네 머뭇거림 없이 즉시 많은 음식과 생필품을 준비하여 남편 몰래 시종들에게 실려 보내고 자신도 예를 갖추고 뒤따라 마중 나갔네

분기충천(憤氣沖天) 하여 달려온 다윗과 마주친 아비가일은 나귀에서 급히 내려 부복하고 겸손히 탄원했네

"내 주여 청컨대 이 죄악을 내게로 돌리시고 이 불량한 사람 나발은 개의치 마옵소서 이름이 나발이라 그는 미련한 자니이다"

여호와께서 다윗의 손으로 피를 흘려 보수(報讐)하는 일을 막으셨고, 여호와의 싸움을 싸우고 계시니 다윗을 위해 든든한 집을 세우시고, 생명을 보물처럼 감싸주시며 원수의 생명은 물매로 던지듯 던지시리라고, 여호와께서 다윗을 후대하실 때 여종을 생각해 주시라는 이 간곡하고 애절한 말은 오직 성령 충만 받은 자의 믿음의 표출이었네

"오늘날 너를 보내어 나를 영접케 하신 하나님 여호와를 찬송할지로다 네 지혜를 칭찬할지며 네게 복이 있을지로다 내가 피를 흘릴 것과 친히 보수하는 것을 네가 막았느니라"

상황 판단의 슬기로움으로 다윗의 분노를 잠재우고 온 가문의 몰살위기를 극복한 아비가일은 광야를 밝히는 횃불이었네

불량한 나발이 하나님의 벌주심으로 죽자 이 소문을 들은 다윗은 아비가일을 왕비로 영접하여 깊이 사랑하였고 온 백성이 그녀를 존경했었네

아비가일
누라서 감히 분기충천한 다윗왕을 온유케 할 수 있었으랴
한 여인의 겸손과 지혜로움이 모든 여인들의 소망의 자리에 오르게 했고 이를 지키시고 인도하신 분은 여호와 하나님이셨네

"여호와를 경외하는 것은 지혜의 훈계라
겸손은 존귀의 앞잡이니라"(잠언 15 : 33)

세례 요한의 어머니 엘리사벳

"여자 중에 네가 복이 있으며 네 태중의 아이도 복이 있도다"

마리아가 구세주의 모친임을 직감한 엘리사벳
마리아의 사무친 고독을 이해하고 위로하며
축복해준 모성적 여인이었네

비로소 마리아는 엘리사벳의 격려에 힘입어 노래했네
"내 영혼이 주를 찬양하며 내 마음이 하나님 내 구주를 기뻐하였음은 그 계집종의 비천함을 돌아보셨음이라 보라 이제 후로는 만세에 나를 복이 있다 일컬으리로다"(누가 1 : 46~48)

마리아의 이종사촌으로 그녀의 방문을 받은
엘리사벳은 성품이 조화롭고 영성이 깊어
자신의 삶에 자족하는 온유한 여인이었네

마리아가 자신보다 귀한 여인임을 기뻐해주고
그리스도의 모친이 걸어갈 길을 안내하는 사명을 감당하였네

세례 요한은 이 선한 여인에게 내린 크신 선물이었네
믿음의 조상 아브라함과 사라에게 늦으막에 이삭을 주신 하나님
신심 깊은 늙은 제사장 사가랴와 엘리사벳에게도 귀한 은총 주셨네

남편이 천사의 말 믿지 않아 벙어리 되자
멸시와 조롱을 접고
남편, 그 정체성을 존중하고 사랑했던 엘리사벳

너도 나도 으뜸이 되려고 동분서주하는 이 시대
으뜸 된 자를 인정하고 격려하는 엘리사벳과 세례 요한
그 이름이 그 덕성이 그리운 시대에 우리는 살고 있네

수로보니게 여인의 믿음

- 가나안 여인

예수님을 믿고 있다고
예수님을 믿은지 오래 되었다고
예수님 믿고 구원을 받은 것 같다고

소녀시절, 처녀시절, 중년을 거쳐
현재까지 잘 믿어 온 것 같다고 생각해 왔는데

귀신들린 어린 딸을 둔 수로보니게 여인의
큰 믿음 앞에 큰 도전을 받는다

자기 딸을 괴롭히는 귀신을 쫓아 달라고
간청하는 이방인에 대한 예수님의 냉대

"자녀로 먼저 배불리 먹게 할지니
자녀의 떡을 취하여 개들에게 던짐이
마땅치 아니하니라." 하심에도 불구하고

"주여 옳소이다마는 상 아래 개들도 아이들의 먹던 부스러기를 먹나이다" 하였으니

예수님께서 가라사대
“여자야 네 믿음이 크도다 네 소원대로 되리라”
하시니 그 시로부터 그의 딸이 나음을 입었다

개라도 좋으니 내 딸만 고쳐주시라는,
자신이 처한 입장을 알고 자신을 철저히 낮추며
불퇴진의 믿음을 보여준 믿음의 거인
수로보니게 여인에게서 위대한 어머니 상(像)을 만난다

제3부

손주 세형이

산후조리원에서

여인은 약해도 어머니는 강하다
이곳에서 어울리는 진리다

아가를 낳은 엄마들이
잠시 아가도 맡기고
자신도 산후조리를 의탁하는 곳

아가방은 아가들에게 알맞게 조성되어
여러 아기들의 조건과 상태대로 돌봄을 받는다

보모 역할로 엄마들 대신 아기들을 돌보는 간호사
줄줄이 각각의 아가들이 형편대로 누워있는 모습
창 밖에서 들여다보면 생명에의 외경으로
옷깃이 여며진다

갖은 방법으로 산후조리 시설을 이용하는 산모들
귀가를 기원하는 기도의 모습이다

하루에 몇 번씩 엄마와 아가가 적응하는 시간
엄마 품에 새근새근 젖을 빠는 아가 모습

개선장군 같은 엄마들의 안식
엄마들은 온 우주를 품에 안는다
할 일을 한 사람만이 소유하는 시간과 공간
산고는 이미 먼 이야기
아가에 대한 소망만이 차고 넘친다

엄마와 아가들이 꾸미고
아가와 엄마들이 노니는
천국의 화원이다

손주 세형이를 축복하며

오랜만에 들리는 아가 울음소리다
아니 이건 아가 웃음소리다
메마른 땅에 새싹 트는 생성의 소리다
우주에서 가장 멋진 팡파레다

네가 숨쉬는 우리 집안은
화창한 봄빛향기 가득하고
온 가족의 얼굴빛은 사월의 복사꽃이다

네 울음소리 들리는 곳에
온 가족이 몰려들고
네 새근거리는 모습 보려
온 가족은 숨죽여 문 여닫는다

네가 두 손 바짝 들고 만만세 부르며 꿈꿀 때
어느 천사 등에서 하늘나라 날고 있나 궁금하고
네 얼굴 갑자기 찌푸리면
무엇이 세형일 힘들게 하나 가슴 졸인다

오늘은 불현듯이
잠들 듯 칭얼대는 네 곁에서 찾아드는 자장가 소리
할미의 입에서 툭툭 튀어 나오더구나
모차르트, 슈베르트, 이흥렬, 김대현의 자장가들이
우리 아기 착한 아기 소록소록 잠들고
하늘나라 아기별도 엄마 품에 잠든다
잊어버린 가사들은 허밍으로 흥얼거리고

너는 감상이라도 하듯
눈을 떴다 감았다 어느 덧 꿈나라로 날아갔구나

네가 우리 곁에 있음이 우연이 아님을
새삼스레 감사하고픈 할미의 마음
세형아 넌 하나님의 고귀한 자녀란다
하나님의 따사로운 눈동자가 너를 지키시리니
부디 영육 간에 강건한 축복, 다윗과 솔로몬의 지혜가
네게 항상 함께 하시길 기원한다

손주 세형이는 · 1

아침 9시면 까치보다 더 반가운 손님
손주 세형이를 맞이한다

우리 가족은 해종일
세형이의 세슬 꽃밭에서
세슬 향기에 취한 나비들로 산다

밤새 곯은 뱃속이 그득 채워지면
만족스러운 웃음을 씨익 웃고 나선
누구에게랄 것도 없이

엄마…
아빠…
밤빠…
뭐야…
으응?…
혼자 웅얼웅얼 말꽃을 피우다
뜬금없이
아빠…

사나이다운 호기로 온 집안을
들었다 내려놓는다

그럴 때마다 할미는
미래의 성악가, 아나운서가 된 세형일 보며
우주를 품에 안는다

제딴에 신이 나면
두 손을 짝짜꿍, 고개는 도리도리 양팔은 빠이빠이
엉덩이는 들썩들썩
두 눈과 입술은 해바라기꽃 만발하여
할배, 할미의 간장에 시원한 선풍기를 틀어댄다

우리 세형이가 제일 좋아하는 건
수화기 귀에 대고 웅얼웅얼 전화걸기
화장대 앞에서 흰 분가루 뒤집어쓰기
립스틱으로 메이컵 하기
조립식 쓰레기통 분리하기
가습기 분리 조립하기

텔레비전 버튼 눌러 고장내기
김치냉장고 버튼 눌러 김치 익혀버리기
선풍기 에어컨 멋대로 조절하기
온갖 전자제품을 자유자재로 조종하는
미래의 에디슨 연습이 세형이의 일과다

돌 지난 요즘은
저녁 8시만 되면 되돌아갈 곳을 아는 듯
손을 흔들어
빠이빠이 하는 양이 가관이다

세설에
손주들 오면 참 좋고
손주들 가면 더욱 좋다더니
그 말이 명언이란 생각엔 지금도 변함이 없다

씩씩한 어린이로 키워 주소서

응아
청아한 네 첫 음성 엊그제 같은데

할머니 세형이 왔어요오
할머니 나 밥 주세요오, 베지밀도 주세요오

할머니 내 새 옷 사줬어요?
새 장난감, 새 양말, 새 옷들, 뭐든지
낯선 것들만 보면 할머니가 사 줬느냐고
묻는 귀여운 손주 세형아

한 달 전, 어느 날부터 갑자기
싫어, 싫어 안 갈 거야 꾸러기 어린이집을 거부하며
방방 뛰던 떼쟁이가
거의 한 달을 기관지염, 중이염으로
혼쭐이 난 요즘

서당개 풍월 읊듯
솔솔 말솜씨가 늘어나
이 할미를 깜짝 놀래키는구나

애들이 아프고 나면 더 지혜로워지고
애들이 자라노라면 스무 번도 더
변한다는 어른들의 말씀,
하나도 그른 데 없음을 실감하며
상큼한 무지갯빛 환희바람이 몰려오는구나

사랑하는 세형아
네 엄마와 이모, 여식만 키워온 할미는
네 살배기 사내인 널 보살피며
때로 콱 질리기도, 놀라기도 하며
몇 번이고 주저앉고 싶었다만
사내아이란 왕 개구쟁이여야 왕 사내다운 거라고
날 위로들 하니
오늘도, 이 할미는 그러려니
또 웃음 지으며 널 반겨 안는구나

주님 부디 우리 세형이를 씩씩한 어린이로
키워주세요

손주 세형이는 · 2

꽃초롱반에서 별초롱반으로 월반한 세형아
어느새 다섯 살이 되었구나
장난감 놀이하며 혼자 쫑알대는 걸 듣다보면
웃음이 절로 솟구친다

며칠 전 식탁에 앉자마자
"할아버지 왜 기도 안 해요?"
당찬 질문으로 할아버지를 당혹케 한 세형이
"오호 그래, 기도해야지." 얼버무리시며
기도하는 시늉을 보고
온 가족은 박장대소를 했었지
어린이는 어른의 아버지란 말 허사가 아니었다

가끔 세형이가 배를 움켜쥐고
"할머니 배 아파요" 할 때
배를 살살 쓸어주며 기도해 주면
"아멘" 하고 크게 외치며 뛰어가 논다
기도의 위력을 어느새 터득했을까

어제는 스티로폼 상자를 마구 긁어대어
온 마루가 흰 가루들로 덮였다
"할머니, 눈 만드는 거예요"
"호오 그렇구나, 눈이 많이 왔네"
세형이의 굿 아이디어에 혀를 찼었지

가끔 할머니의 등 뒤에서 목을 껴안고 뽀뽀를 하다가
"해님 할머니가 엄청 좋아서 이러는 거예요"
"뭐, 해님 할머니라고?"
그 다음날은 또
"할머니는 똑똑한 할머니예요"
"할머니는 예쁜 할머니예요"
매일같이 새로운 이름을 불러주는 귀여운 세형이

할머니가 엄청 좋다니 난 할 말을 잊고
세상에서 제일 행복한 너의 사랑의 포로가 될 뿐이구나

변화무쌍한 아이들에 대해 시답잖은 노파심은 금물,
다만 어른들에게
인내와 기다림을 배우게 할 뿐이다

손주 세형이는 · 3

(봄)
새해가 된 걸 알기라도 하듯, 세형이의 행보가 날로 나를 놀래킨다
하긴 8월 6일이면 만 5세가 되지

어제는 물뿜이로 온 마루를 물바다로 만들더니
"할머니, 물꽃놀이가 너무 재미있어요."
"뭐? 물꽃놀이라고?"
세형이를 뒤따라 다니며 걸레질 하던 나는 깜짝 놀랬지
불꽃놀이란 말은 있어도 물꽃놀이란 세형이가 만든 신조어 아닌가

요즘은 동전만 생기면 황금 돼지통에 넣으며
"꿀꿀아 많이 자라다오. 너를 배부르게 해줄게"
설마 돼지통이 커지길 기대하는 건 아니겠지 할미 혼자 웃었다

얼마 전 할미가 코피가 멎지 않아 응급실에 갔다가 돌아오자 세형이의 기도를 받았다

"우리 할머니 빨리 낫게 해 주세요 안 아프게 해 주세요 예수님 이름으로 기도합니다 아멘"
그 후 지금까지 고맙게도 코피는 안녕을 고했다

가끔 외출 준비로 화장대 앞에 앉으면 내 곁에 찰싹 붙어 앉아
"할머니, 예뻐요. 꼭 누나 같아요. 귀걸이도 하세요"
코치까지 서슴지 않는 세형이의 미적 감각에 혀를 차며 기꺼이 복종한다

할미 볼에 곧잘 뽀뽀하던 세형이가 어느 날은 뽀뽀 후
"아이 징그러워" 고개를 살레살레 흔들며
"컸구나, 세형이가" 할미는 입을 다물어 버렸지
요즘 들어 부쩍 성에 대한 호기심 어린 표현으로 엉덩이, 방귀, 아가씨 등등의 어휘가 장난스럽게 툭툭 튀어나온다
유치원에서 또래들끼리 배운듯하다

밤에 음식쓰레기를 버리기 위해 1층 주차장엘 따라 가자 했더니

"무서워서 그래요?"

"그렇단다 가끔 도둑고양이가 주차장에서 튀어나왔거든"

"하나님께서 도와주실 거예요"

믿음을 보여주는 세형이에게 한방 얻어맞고도 마냥 든든한 이 할미

한 사람의 훈짐이 이리 따뜻하구나

봄 감기를 앓고 난 후, 안 하던 짓을 하는 세형이

밥 먹다가 갑자기 내 곁으로 오더니, 내 머리에 박치기를 한다

"아얏." 나도 모르게 괴성이 터져 나오자

"할머니, 난 안 아파요"

어린애라 여겼는데 어느새 사나이다운 기백이 솟구쳤을까

곁에서 빙긋이 웃으시는 할아버지의 눈꼬리가 의미심장하네

(여름)

밥 먹는 자세가 가문을 나타낸다 했던가

세형이의 식탁 앞에서의 온갖 짜증은 할미를 지옥으로 데리고 간다

한상 차려 놓은 음식만 보면 갑자기 소변보러 가기, 마차 타러 가기, 응가 하러 가기, 온몸 비틀기, 조는 시늉하기 등 한 시간도 두 시간도 좋을 식사시간

시간적으로 제약받는 할미의 삶을 정녕 알아줄 날 오리라 믿고 싶다만

"엄마, 아빠 사랑해요, 잘 지내세요"

"할머니, 하라버지 사랑해요, 잘 지내세요"

올해 들어 글자를 터득한 세형이가 생애 최초로 완성시킨 첫 문장이다

틀린 곳이 단 한 곳뿐 기특하구나

축하드려요, 할머니 ♡☆○

세형 드림

7월 내 생일에 세형이가 할미에게 보내준 카드다
받아쓰길 잘한다는 유치원 선생님의 칭찬 말씀이 실감나 할미는 참 기쁘구나

토요일에 세형이가 유치원 쉬는 날로 이른 아침부터 할미 곁을 붙어 다닌다
오늘 8월 25일은 세형이가 만 5세 생일 후 20일째 되는 날이다
할미가 온종일 펜과 씨름하느라 설거지를 미처 못했었지
한참 쓰다가 부엌에서 딸각거리는 소리가 있어
"세형아, 뭐 하니?"
"그릇 씻어요"
깜짝 놀라 부엌으로 가보니 세형이가 국자를 깨끗이 씻고 있다
옆 쟁반에 여러 그릇을 씻어 놓았고, 할머니가 바쁜 듯하니 도와주고 싶었나보다
만 5세지만 키가 훌쩍 크고 팔다리가 긴 세형이었기에 가능한 일이다
"세형아 고맙다 할머니를 도울 생각을 다하고"

요즘 세형이는 9월 1일에 있을 동화구연대회를 준비하느라 매우 분주하지

「양치기 소년」이란 동화에서 마을사람 역을 맡아 외우랴 연기하랴

온 가족이 모두 참여라도 하듯 돌아가며 양치기 소년과 마을사람을 분담하여 맹연습 중이지

연습하는 즐거움을 세형이가 터득했으면 하는 바램으로

할미는 세형이가 무대 위에서 마을사람 역을 멋있게 연기하는 걸 상상만 해도 즐겁구나

할머니 노릇

"할머니 뭘 찾으세요"
가게에 들른 나를 향해 묻는 말에도
주위를 휘휘 둘러보던 때가 엊그제 같은데
세살배기 세형이 할머니 노릇이 어언 삼 년째다

손주 돌보기 마냥 기쁨이라면 거짓말
손주 돌보기 마냥 고통이래도 거짓말
기쁨과 고통이 앞서거니 뒤서거니 나를 굴레 씌운다

허나 진실 하나 있다면
뒤늦은 깨달음으로 감싸 안는 가슴

직장 나가는 손주며느리의 달갑잖은 셋째 딸 받아
무릎 닳도록 앉혀 키우셨다는 내 증조모님

벽장 속 감춰둔 사탕 내 입에만 넣으셨고
손수 누에 쳐 명주 옷감 만드셔서
노랑저고리 분홍치마 때때옷 입혀 주시고
펄펄 끓는 내 몸에 진종일 물수건 갈아주시던 분
늦철 든 이 증손녀, 자주 글썽여지는 요즈음이다

아침마다 세형이는 꾸러기 어린이집에 간다
아침 먹고 옷 갈아입고 모자 쓰고 가방 메고
준비 끝 외치자마자
할미에게 찰싹 안겨 입술을 부벼대면
세형이도, 할미도 온 얼굴 빨강 루즈 투성이
함께 거울보고 박장대소 하면
두 주인공 공동 무대는 막을 내린다

하나님, 오늘도 우리 세형이를 지켜주세요

어느새 손주 세형이가

"세형아, 할머니 양말 좀 신겨다오"
"세형아, 이 볼펜 좀 주워주고 저 휴지는 쓰레기통에 넣어줄래?"
"그래, 고맙구나 우리 세형이"

매일 아침 손주 세형이의 아침 인사가 끝나자마자 나는
기다렸다는 듯 이런 저런 주문을 쏟아낸다

멀쩡하던 할머니
어느 날 갑자기 가슴에 보조기를 차고 꼼짝없이 병상에 누워있는 모습을 세형이에게 보이고 말았으니

어느새 열 살, 알 것을 알 나이가 되었을까
다사로운 손길이 마냥 그리운 이 때에
한 몫을 감당해준 내 일등공신 세형이

사랑했더니 사랑 받게 되어
지금 나는 참 행복한 바보 할머니다

손주 세형에게 주고 싶은 말

식사 시간에 캑캑거리며 뛰쳐나가는 세형이
음식이 송곳니에 걸려 깜짝 놀랐단다, 이를 가는 때라
자주 그런 일이 일어날 때마다 신경이 곤두서나보다

문득 내 어릴 때 생각이 떠올라 세형이에게 들려주었다
할머니도 너 만할 때 자주 그런 일이 있었지

이가 흔들린다고 말하면 어머니께서 실로 이를 감아서
사정없이 잡아당겨 빼주셨지

나는 무섭고 두려워서 눈을 꼭 감고 눈물 콧물 흘렸지
빼고나면 아파도 시원해서 어머니께 마음으로 감사했어

정말 어머니는 대단한 분같이 느껴졌고 어른들이 존경스러웠지
어서 커서 나도 어른이 되어야지 이런 고통 없이 살 수 있게

아하 할머니도 그러셨어요? 신기한 모양이다

얼마 전에 입 끝이 칼로 베듯이 아파 밥 먹기 힘들단다
왜 가끔 입 끝이 아프고 피가 나느냐고 묻는다

어릴 땐 입이 작으니까 작은 숟가락으로 먹지만
네가 컸으니까 큰 숟가락으로 먹으라고
입이 찢어지면서 크는 거지

사랑하는 세형아
어떤 아픔과 고통도 그 순간을 잘 견디면 좋은 날이 찾아온단다
아픔은 항상 좋은 일이 오기 전에 지나가는 과정인 셈이지

모든 어린이들은 지금의 너처럼 그런 고통을 이겨내며
자라서 소년이 되고 청년이 되고 어른이 되는 거란다

네 아빠도 엄마도 모두 그런 과정을 거쳐서 오늘이 있단다
세형이도 잘 견뎌낼 수 있으리라고 믿는다

제4부

여행시편

여행

초절경 '장가계'로 떠나려는 발목을
속인은 갈 곳이 못된다는 듯
사스가 붙잡고 놓아주지 않았다

5월의 족쇄가 느긋이 풀린
7월엔 꼭 떠나자고 다짐하며
그이와 난 두 손을 마주잡았다

떠나도 그만
안 떠나도 그만인 여행길
왜 우린 한사코 떠나고 싶어지는 것일까

필시 그건
돌아올 곳
돌아오기를 기다려줄 곳이 있기 때문이 아닐까

그리고
너와
우리가 있기 때문이겠지

다산초당(茶山草堂)에서

강진만 한눈에 굽어보이는 곳
만덕산 기슭의 다산초당 오르기 위해
뉘엿 뉘엿 산을 넘는 해를 붙들어 놓고
일행 어스름 오솔길을 말없이 재촉했다

초당엔 손수 새기신 '丁石' 바위
차를 끓이던 약수인 약천, 차를 끓였던 반석인 다조,
연못 가운데 조그만 산처럼 쌓아놓은 연지석 가산등 다산사경과
선생이 시름을 달래던 천일각이 남아
옛 주인 이야기를 들려주고 있었다

다산 정약용(茶山 丁若鏞) 선생
일찍이 학문의 높은 경지 도달하여
어전에서 '중용'을 강의했고
1789년 식년 문과에 갑과로 급제하여 높은 벼슬길 올랐으나
가톨릭 교인이란 이유만으로 탄핵과 유배를 당하고도
탁월한 실력으로 지평으로 재등용되고

서양식 축성법 연구하여 유명한 수원성(水原城) 수축에 기여했다

1974년 경기도 암행어사로 비리에 연루된 현감 파직시키는 쾌거를 이뤘고
병조참의, 규장각 부사직(副司直)을 맡았으나 모함 받아 사의를 표한 후
다시 치적을 인정받아 정조대왕의 아낌도 받았다

장기 유배지로 강진에 이배되어 18년간 학문에 몰두
정치기구개혁, 농민의 공평한 분배, 노비제 폐기 등
고도한 학문체계로 실학을 집대성하여 500여 권의 저서를 남겼고
많은 제자를 가르쳤다

어릴 때부터 시재(詩才)에 능했고
역사, 지리 등에서 주체적 사관 제시,
합리주의적 서양과학지식 도입으로 애국 애족하였다

아아 '목민심서(牧民心書)'
다산 정약용 선생의
고독한 근기를 배우고저

토말(土末)에서

음 9월 열엿새 토말(土末) 달은
남원골 그네 타는 춘향이의 자태여라

청아함 안고 들어와
잠 못 이루는 새벽녘

주섬주섬 옷 챙기는 소리 따라
동행을 자청하니

남해바다가 훤히 보이는 땅끝 주차장에서
전망대에 오르는 표지판이 달빛 어려 눈길을 끈다

납작 돌들을 고르게 깔아놓은 정성스런 산길
연보라, 남, 흰 빛깔의 들국화 향에 취하고
앙징스런 들꽃들의 아침 인사 받으며
20여 분을 오르니
전망대 시원한 바람이
오늘의 첫손님을 반색하며 맞는다

일출(日出)을 기다리는 동안 사슴목 되어
갈두산 사자봉의 이곳저곳 둘러보니
흑일도, 백일도, 노화도가 머리 맞댄 수려한 다도해
땅끝 전망대에서만 볼 수 있는
그윽한 한 폭의 남농화(南農畵)다

떴구나! 일행의 외마디
잿빛 구름 위에
먹음직한 불덩이 홍시감이 살포시 떠올랐다
잠시 잿빛 구름띠로 허리를 동이더니 슬쩍 비켜서는 연출미

두둥실 떠올라 발광하는 햇덩이에
온누리 아침이 활짝 열리고

우리는 오로라의 축복아래 나란히 서서
빛의 세례를 받는다

희방(喜方)폭포 오르며

소백산(小白山) 오르는 손들
희방(喜方)폭포 외면하면
천년한(千年恨) 서린다기에

희방 이름 그대로
기쁨 한 자락과 동행(同行)하며
하산(下山) 길손 불러 물으니
족히 삼십 분이면 오른다고 귀띔이다

오르고 또 오르며
다시 만난 길손 세워 물은 즉
조금만 더 오르면 되노란다

소나기로 쏟아지는 땀줄기 닦아내며
마지막으로 채근하듯 물은 즉
10분 정도면 희방폭포 하며 웃는다

산에서의 조금이란 말
산에서의 10분이란 말
말짱 거짓말임을 뒤늦게야 깨닫고

아서라 물어서 무엇하리
오르고 또 오르면
희방폭포 거기 있거니

마음 비워
유유한 흰구름 벗해 발길 옮기니

다리 건너 다가서며
웃음으로 마중하는 희방폭포

제주 분재예술원(盆栽藝術院)에서

세상에를 연발하는
열린 입 다물 수 없네

분재 한분 한분 마다에서
영혼의 숨결인 듯
땀과 생명의 속삭임인 듯
전율해 오는 자장 같은 파장이 있네

작은 괴목에서 노송에 이르기까지
인고의 세월로 칭칭감은
목숨

무위(無爲)를 인위(人爲)로 둔갑시켜
축소시킨 자연
그렇구나
가꾼 이의 말씀처럼
창조주의 작품이 아니고선
어찌 이렇듯
자연을 연출할 수 있겠는가

35년의 인내와 정성과 덕성
그리고 겸손으로 가꾸어온
분재예술원에서
하슈로는 취할 수 없는
선미(善美)의 취객이 된다

순천만에서

최첨단 문명의 이기에 빛나는 여수 박람회 관람 후
한국의 생태수도 순천만을 찾으니 그 격세지감이라니

끝 간 데 없는 광활한 갈대밭의 갈대바람이 도심의
아황산가스에 지친 나그네의 심신을 말끔히 씻어 주었다

환상적인 빨간 아치의 무진교를 건너
S자 갈대숲 탐방로를 걷다가 쉼터 정자에 앉았노라니

천리 길이 한 걸음이요
인생길도 마음 한길임을

나그네의 주위엔 왁자지껄한 초등 학동들
갈대밭 사이를 기어 다니는 귀여운 농게, 칠게잡이에
탄성을 울리고

강 가운데 조류대에는 검은머리 물새들이
그림처럼 물고기와 농하고 있다

누군가 자연은 생명의 젖줄이라 했지
여독에 그을린 나그네들을 품어주는 어머니의 가슴이다

아쉬움을 접고 탐방로를 되돌아 나오며 순천을
빛낸 김승옥, 정채봉 두 문인의 문학관에 들렀다

두 분의 문학세계를 귀동냥 눈동냥으로 감상하며
인생은 짧아도 예술은 길게 살으리라고

영랑생가(永郎生家)에서

출신란에 전남 강진이라 쓸 때마다
내겐 하나의 긍지 시심으로 꿈틀거렸네

두 번째 발걸음 한 영랑생가
님의 발자취 더듬으며 체취 느끼나니
불현듯 그리움인 듯 눈시울 더워지네

"오매 자네들 왔능가!"
반겨 맞이해줄 듯한 님의 모상(模像)만이
생가를 지키고 앉아
외로움이 서늘함으로 내리는데

넓은 마당 곳곳에서
모란이 필 날 기다리며
오늘도 묵묵히 손(客)을 맞이하시는 님

백년 수령 압각수 그늘엔
은행잎 시나브로 떨어지고
높은 가지 쳐다보니
오매 단풍 들었네

남도 가족 여행

여수 박람회 관람과 순천 언니의 병문안이란 두 가지 목표를 세워 우리 내외와 딸네 세 가족 모두 다섯 사람 차 한 대로 다섯 자리를 꽉 채우고 탈 서울 하여 남도를 향해 질주했다

때는 생기 넘치는 녹색의 계절 우리의 마음은 토함산의 솟아오르는 아침 해요 살랑이는 미루나무 잎이었다

천리 길을 유유자적 하노라니 뉘 입이랄 것도 없이 자유스런 대화의 장이 열리자 밤톨 구르듯 말톨들이 굴러 나왔다 말톨들은 여기서 줍고 저기서 주워 서로에게 던져 주고 받았다 모두가 잔잔한 바다 위에 툭툭 튀어 오르는 물고기처럼 스스럼없이 자신들을 노출시키며 웃음꽃 활짝 피어나는 귀한 시간이었다

첫 도착지 지리산 피아골 골짜기에 내려가 찬물에 발 담그니 여행의 실감이 전신에 퍼져 무척이나 상쾌했다

성황리에 열리고 있는 여수 박람회는 신비로운 각국의

국제관과 통쾌한 한국관을 관람하며 세계의 추이를 내다 볼 수 있었다

순천으로 이동하여 치매를 앓고 있는 피골이 상접한 언니의 모습을 바라보며 만감이 교차함을
고우신 옛 모습으로 "내 동생 경자 왔냐" 반가워하시던 음성은 그 어디로 흩어져버렸을까

화개장터에서 순수한 국산이란 고사리와 익모초를 구입한 후 유명하다는 단팥국수 한 그릇씩으로 추억을 남기고 하동의 박경리 선생님의 문학관에 들러 영화『토지』를 관람하며 피곤을 풀었다

미항 남해와 통영을 거쳐 황혼 무렵 거제도의 구조라항에 여장을 풀고 마지막 밤을 안식했다

다음날 절경인 한려수도를 한 바퀴 돌아서 세계적인 외도에 올라 아름다운 에덴동산을 감상하고 큰 감명을 받았다

통영으로 돌아와 먹지 않고 가면 후회한다는 그 유명한 굴밥, 굴회를 점심으로 즐기고 제2의 고향 서울로 돌아왔다

남도기행은 우리 가족을 사랑 공동체로 돈독히 묶어 주었고 기쁨과 고통이 언제나 일상이듯이 함께 살아가자 했다

외도(外島)

바깥에 있는 섬이란 뜻의 외도(外島)
알고 보니 외도는 외도(外道)로 열린 섬이다

배에서 내려 섬을 올려다보니 녹색 융단을
여러 종류의 짐승 모양으로 가꾼듯한 수려한 나무들과
화사한 꽃들이 어서 올라오라고 손짓했네

열렬한 그들의 환영 열기에 탄성을 발하며 오르는데
연두색 시누대나무 정원이 원탁을 마련하고 쉬어가라 했지

시원한 바람을 즐기며 아이스크림 한 입 물자 시누대잎
살랑이는 먼 내 고향에 온 듯 사향을 불러일으켰네

남국의 정조를 흠씬 풍기며 나무와 꽃들을 거느린
하얀 비너스 상(像)들이 다소곳이 곳곳에 서 있는
비너스 공원은 이국적 분위기로 신비스럽기까지

양쪽에 편백나무들이 도열해 선 아름다운 천국의 계단을
「겨울연가」의 주인공이 되어 걸어 보고

전망대 앞의 놀이공원에는 보는 이에게 위로와 기쁨을 주는
말타기, 기마전, 물구나무서기 등 여러 모습을 한 귀여운
황색 애기 인형들이 어린 시절을 회상시켜 주었네

명상의 언덕에 세워진 자그마한 교회당을 보니
외도 주인의 깊은 신앙심이 느껴져 가슴 뭉클했네

척박한 섬 구석구석을 환상의 섬으로 일구어낸 부부의
그 손끝의 생채기는 또 얼마였을까?

조각상들을 먼 이국에서 수입해와 적재적소에 세우느라
팔이 네 번이나 부러진 여주인
기적은 각고정려(刻苦精勵)의 끝에야 이뤄지는 것

천국 가신 남편에게 바치는 최호숙님의 헌시에서 보듯
오늘의 외도는 부부의 사명감이 낳은 에덴이었네

꿈의 여인 최호숙님
스타는 태어남이 아니라 만들어짐을 보여주신 분

그녀의 위대한 노고에 큰 울림 받은 나그네 절로
고개가 숙여졌네

황룡 풍경(黃龍 風景)

에메랄드빛 자연의 축제

황룡의 총길이 7.5㎞
3,400여 개의 호수
황룡처럼 노랗고 길게 흐른다 하여
명명되었단다

입구에 서면
영빈호라는 작은 연못들이 호수를 이뤄
사방팔방에서 우리를 반색한다

작은 연못들이 선녀탕 같아
금방이라도 선녀들이 내려와 물놀이 할 것 같다

해발 4,800m의 숨찬 고산지대
쌕에 넣은 산소통의 유혹을 뿌리치며
자신과의 사투를 벌인다

석회암 위를 콸콸 흐르는 벽계수
한 모금도 해갈 할 수 없는 안타까움

세신하(洗身河)를 따라 영선교(迎仙橋) 지나
제일 높은 곳에 황룡사 좌정하고
우뚝 솟은 설보정 뒤에
대망의 오채지(五彩池)에 이른다
햇빛의 방향 따라
오색으로 채색되는 비경
솟구치는 에메랄드빛 유혹

심호흡 한번 하고 하늘 보니
파란 하늘이 쏟아져 내려온다

정자에 올라 오채지 내려다보니
한 마리 학이 된 내가
오채지 위를 날고 있다

망강루 설도(望江樓 薛濤)

중국 성도시(成都市) 동문(東門) 쪽으로 흐르는
금강(錦江) 줄기 한 자락의 대나무 숲속
강 쪽으로 우뚝 솟은 망루(望樓)

8세에 이미 시(詩)를 쓴 당대(唐代)의 천재시인 설도
부모를 위해 심청이가 된 기생시인

대를 사랑해 대숲에 망강루 짓고
손수 만든 고운 꽃무늬 편지지에
시인 원지에 대한 그리움 읊으며
백거이들과 풍류를 즐기던 그대여
화담선생 연모한 황진이를 보는 듯

대숲 정원에 장식머리의 튼실한 미인(美人)
그대의 화사한 입상(立像)이
나그네의 발걸음을 몽혼시키네

"반가워요, 설도랍니다" 금방 미소할 듯한 그대
사연 많던 옛 시인들 떠난 자리 지키며
오늘도 시인(詩人)의 깃발 펄럭이는 설도여
그대의 「춘망사(春望詞)」를 번안한 「동심초(同心草)」를 읊조려 보네

'꽃잎은 하염없이 바람에 지고
만날 날은 아득타 기약이 없네
뭐라 맘과 맘을 맺지 못하고
한갓되이 풀잎만 맺으려는고'

두보 초당(杜甫 草堂)

시성(詩聖) 두보의 좌상 앞에서
그의 시「춘망(春望)」이 울려 퍼지고

내 가슴 부여잡는
고뇌에 찬 시인의 모습

고단한 삶을 증언하는
마르고 긴 손가락을 만지며
옛 시성의 체온을 느껴본다

벼슬 좇아 장안 나들이
친구 찾아 세상 떠돌기
난리 맞아 도망 다니기

기쁨보다 아픔이
현실타협보다 사회고발의식이
서민들을 어루만지던 맑은 영혼이
삶의 열정으로 천여 수의 시를 남긴 시성 두보

초당(草堂) 안 시인 동상들의 개성을 즐기며
속삭이는 옛 밀어를 듣는다
낙천과 호기의 시선(詩仙) 이태백(李太白)

여유와 안정의 소동파(蘇東坡) 시인
고통과 의지의 굴원(屈原) 시인

예나 지금이나 인간의 삶은 여일(如一)한 것을

초당을 나오는 길에 만난
초등학생들의 긴 줄짓기에서
중국인의 두보 사랑을 보았다

키스바위

하롱베이의 명물 키스바위

여보라는 듯, 두 바위가 입을 쫑긋 세워
키스하는 모습이 장관이다

눈요기만 하면 뭘 해
사진만 찍으면 뭘 해
우리처럼 키스하며 정답게 살아야지
키스바위의 무언의 웅변이 귓바퀴를 맴도네

가장 유치한 짓이 가장 사랑스런 짓이라 했던가
보는 모든 이의 눈과 마음을 즐겁게 해주는 키스
바위 사랑

베트남 여정에서 배워 온 교훈 하나
무시로 키스하며 즐겁게 살아가리

무너진 베를린 장벽에서

장벽의 옛이야기 아는 듯 모르는 듯
오늘도 장벽을 이웃하며
유유히 흐르는 슈프레강

1945년 2차 세계대전 시
동독과 서독으로 나뉜 패전국 독일
생활고에 시달린 동독인들
장벽을 향한 목숨 건 탈출행렬 이어지고

1989년 동서독의 협상으로
마의 장벽은 무너지고
되찾은 영광의 통일 수도 베를린

생명 건 통곡과 함성이
피카소의 입체화로 가득 채워진 남은 장벽엔
희생된 영령(英靈)들의 오열 낭자하고

지구상 마지막 분단국인 모국을 업은
한 나그네의 긴 마음 그림자 어디에

「아우슈비츠」 수용소

폴란드의 한 마을에 자리한 아우슈비츠 수용소

스산스러운 바람기에 지레 눌린 일행들의 걸음걸이
「ARBEIT MACHT FREE」 라는 대문자 팻말이
수용소 입구를 가로 막고 있다

음산한 미로의 수용소 내부
처절한 몰골로 일어서고 있는 유태인의 유품들
신발, 머리칼, 칫솔, 빗들이 퀴퀴한 냄새를 풍기며
닭살 돋게 하는 수용소 생활의 자취들
싸이코롬비라는 청산가리로 대형학살 했던 대형 샤워장
단번에 400명씩 죽이는 씨크론 가스통들과 가스실
장애인만 골라 산채로 생체실험 했던 실험실
두 눈 부릅뜬 유태인의 흑백 사진들에 떠밀려
긴 복도를 쫓기듯 벗어났다

유태인들이 자주 찾고
독일인들이 조상들의 과오를 사죄하러 오는 곳
세계인 그 누구도 다시는 저질러선 안 되는 걸 배우러
오는 아우슈비츠

인간이 인간이길 포기하지 않고서야 어찌 이런 일들을
한 사람의 지도자 아돌프 히틀러의 사심(私心)이 부른
비극치곤 너무 가혹한

보는 것만으로도 현기증과 동행한 시간들

「안네의 일기」를 남긴 소녀 안네 프랑크
성인으로 추대된 맥시 밀리엄 콜베 신부님
그리고 희생된 모든 이들의 영령(英靈)에 가호 있기를

독일의 고도(古都) 「마인쯔」에서

그덴베르그의 고향 고도(古都) 마인쯔는
사랑하는 내 친구의 고향이 되었네

먼 나라 한국에서 온, 아내의 친구들을 위한
독일인 남편의 배려와 애씀에 눈물겨웠네

매일 이곳 저곳 볼거리 찾아 누빌 때
인간의 생각과 감정은 동이나 서나 차이 없음이었네

시인 괴테가 자주 올랐다는 아름다운 언덕과
전설 고향인 로렐라이 언덕에서 그림 같은 라인강을 내려다보고
광활한 포도밭 위를 낮은 케이블카로 둘러도 보고
포도주의 거리 류데스하임에서 포도주 맛도 즐기며
라인강을 감싸는 산에 우뚝 솟은 옛 성에 올라
독일의 산천과 독일인들을 음미하였네
냉철과 절제의 단아함과
옛것을 소중히 여기는 넉넉함이 독일인들임을 보았네

라인강은 관광과 산업 기적을 이룬 명소로
마침 한국 선박이 유유히 지나고 있었네

낳아준 고향과 고국을 떠나 새로운 고향 창출한
세계인으로 사는 친구의 삶을 들여다보았네
우아하고 그윽한 정원을 시모(媤母)와 함께 가꾸며
독일인으로 오순도순 삶을 꾸리는 고즈넉함

오늘이 있도록 아린 상심의 밤은 또 얼마였을까
인동초(忍冬草)로 피어난 친구에게
마음으로 경의를 표하고 싶었네

제5부

기타 시편

문제를 위하여

문제엔 반드시
답이 있다

삶을
죽음으로
죽음을
삶으로 해석할 수
있듯이

문제와 답은
불이(不二)

하나이면서
둘인
문제와 답을
하나로 이끌어내는
불이(不二)다

삶도 이와
다름이 아닌 것을…

사부곡(思父曲) · 1

독립 유공자 정부포상 전수식장
유공자 가족들의 축제 열기 가득하고
훌륭한 선조를 모신 자랑스런 얼굴마다에
활짝 핀 무궁화꽃들

이 영예의 자리에 선 우리 팔남매
생존시에 유공자 포상이 있었다면
좀 더 보람찬 아버지의 노년기셨으리란 아쉬움에 목메이고

일찍이 목포상고 학창시절
일제하에 배달민족이 겪는 굴욕감에 몸부림치신 아버지

뜻있는 학우들과 함께
야학을 열어 문맹퇴치에 앞장섰고
광주학생 사건시 대자보 사건으로
일경에 검거 투옥 되신 아버지

옥중에서 학생운동에 참여한 38분과 함께
퇴학처분 받았고

출옥 후 목포 부두자유노조 지도자로 맹활약 중
수차례 투옥과 출옥의 사선(死線)을 넘나드신 아버지

해방 후, 조부님의 사업 이어받아 동분서주 하셨음에도
민족이 원치 않은 6·25 전쟁으로 휘몰아친
쓰나미는 재기의 날개를 꺾었고
평생 아버지를 족쇄 채웠으니

자신의 안일보다 애국애족이 먼저였던
크신 뜻 펴신 아버지

민족적 불운한 세대의 대표주자이심을
이해해 드리지 못한 점 깊이 사죄드리며

이 명예로운 독립유공자 표창장과 함께
아버지의 사랑스런 자녀들이
존경과 사랑으로 엮은 화한을
삼가 아버지 영전에 바쳐드리니
천국에서 크게 기뻐하시옵소서

사부곡(思父曲) · 2

– 고백

아버지께 끝내 고백 드리지 못한 일 한 가지

내 여고시절 광주에서 공부하다가 급한 일로 고향집에 내려간 적 있었습니다

사업 실패 후 낙향하셔서 시골 일거리 이것저것 찾아 할아버지를 도우시며 자녀들 학비를 보충하느라 마음고생이 오죽 하셨겠습니까 다음날 귀교를 위해 집 떠나올 때 아래 동네까지 따라오시며 손바닥에 꼬옥 쥐셨던 것을 내게 건네시며 "적다만 아껴써라잉' 하셨습니다 상광버스 차창 밖을 바라보며 목줄기를 타고 뜨거운 것이 하염없이 흘러내렸습니다 왕년의 큰 사업의 그 경륜 어디 가시고, 상광시 거리엔 '김자경 귀국 독창회' 플래카드가 나부끼며 나를 유혹하였고 가곡 즐겨 부르던 나는 호기롭게 그 금쪽같은 돈을 입장권과 바꿨고 김자경 여사의 풍부한 성량과 박진감 넘치는 매너에 매료되어 며칠간 잠 못 이루며 흥분상태로 행복했습니다 "지금 죽어도 좋아"를 외치며 며칠 후 현실로 돌아왔을 때 아버지께 대한 죄책감으로 많이도 괴로웠습니다

졸업 후 고향에서 교편생활 하며 계모임으로 만든 목돈으로 고향에서 가장 큰 규모의 양계장을 차려드림으로 오랜 나 홀로 죄책감에서 자유함을 얻고 꼬꼬닭, 오리, 거위 떼들의 합창소리 들으시며 즐겁게 일하시는 아버지의 모습 뵈는 것이 저의 기쁨이었습니다

글을 잘 쓰려면

30년 전 YMCA 주최 주부 문학 강좌 시간이었다
어느 문학 지망생 주부가 강사이신 박완서 선생님께 질문했다

"선생님 글을 잘 쓰려면 어떻게 해야 할까요?"
박 선생님께선 거침없이 웃으시며 대답을 주셨다
"생활을 아름답게 하면 좋은 글이 나오지요"

그때의 신선한 충격이 30년을 지나는 동안 문득 문득
생각 키워 글을 쓸 때마다 내 삶을 돌아보는 버릇이 생겼다

아침에 거실 화분에서 고개 숙인 나뭇잎들을 보고 깜짝
놀랐다 엊그제 분명 물을 주었는데 뭐야 1주일이나

그때 박완서 선생님 말씀이 떠올랐다 생활을 아름답게
늦장 피우지 말고 적당히 긴장해야지

오후엔 화분관리 시간으로 할애하자고 마음했다
그간 손보지 못한 화분들 손질해주기
봄 액자 떼어내고 가을 액자로 바꿔 걸기 등

꽃집에서 사온 노란 국화로 거실을 가득 채웠더니
우리 집에도 가을이 찾아 왔다고 온 가족이 기뻐들 했다

오늘은 박완서 선생님의 소박한 미소가 그리워지는
뿌듯한 하루였다

문학에의 길

새파란 소녀시절 꿈꾸어 온 문학에의 길
삶의 여정에서 가업에 매진하다가
불혹을 지나 재도전 하여
지천명에 들어 입문하였다

늦었다고 생각한 시점에서 바로 시작하라
그때가 가장 빠른 길임을 명심하라 했기에

'대기는 만성'이란
청대 같은 그 말씀
밝은 달 둘레를 돌며
시심으로 타는 심지'

운명처럼 이 시를 쓰며
기염을 토했던 때가 있었다

후에도 아내, 엄마, 가업에의 길이
'잠깐 쉬었다 가요 이 길도 길이니까요'
티눈처럼 마음에 박혀 이 시를 읊으며
쉬엄쉬엄 돌자했지

아무렴 지금도 이처럼 쓰고 있잖아
후회 없고 할 일 많아 감사하다네

인생은 걷는 날까지
걷고 또 걷는 길 아닌가

아리의 죽음

아리는 이웃하며 사는 신혼집 애완용 개이름이었네
예쁜 새댁은 신랑에게 받은 신혼선물로
아리를 아기 다루듯 정성껏 돌보았네

부부모임 여행조차 포기하며
아리 사랑이 지극했는데
어느 날
새댁 이마엔 긴 주름이 패였네

해산을 앞둔 새댁이
친정어머니와 아리 거취를 의논한 이튿날 아침
홀연히 아리가 자취를 감췄기 때문이었네

얼마 후 아리는 피투성이로
거리에서 발견되었는데
인간들이 자신을 차에 던져
돈을 갈취하는 세상과는 달리
아리는 자신을 차에 던져
주인 사랑 장렬히 불태웠었네

가족들의 따뜻한 손길로
아리는 가까운 산 소나무 그늘에 고이 묻히었고
'아리는 죽기까지 주인을 사랑했다'고 새긴
비문이 세워졌네

문화도둑

세계적인 불가사의(不可思議)
캄보디아 앙코르와트의
힌두교와 불교의 전래 설화로 조각된
방대한 사원들
설화의 내용보다 정교하고 미려한 극치미를 보여준다

프랑스 치하의 캄보디아
프랑스 고급관리 아내의 큐핏 화살에 찔린 한 사원
잘리고 베어져 프랑스로 외도 간 셈
캄보디아의 빗발치는 항의 소동으로
회항 복원되어 옛 자태 뽐내고 있으나
예쁜 하체만 남기고 날아가버린 두상과
베어 잘려나간 팔, 다리의 덧없음을

가이드의 설명에
안타까움과 분노에 치를 떤 일행의 입에선
이게 남의 나라 이야기만인가를 약속 없이 뱉어냈다

일제하, 일본으로 끌려간 백제의 도예품과
도공의 불귀(不歸)며
우리 전통문화재 압류한 채, 되돌려주길 거부하는
프랑스 문화인들의 위선은 산 역사(歷史)

빛 좋은 개살구
자칭, 타칭 문화민족들의 문화도둑질은
그토록 정당화 되어도 되는지를
설법 없이도 설법해 주는 사원

철창 없는 감옥 속에 갇힌
우리 문화재들의 탄식소리 쟁쟁한데

복원된 캄보디아의 한 사원처럼
고국의 품에 안겨 사랑받는 날 올까

이순신 장군

"어서 가서 이 나라의 원수들을 쳐 무찔러 주라"는
어머님의 간곡한 부탁의 말씀대로
장군은 원수들을 무찔러서 23전 23승을 쟁취하셨지

"살고자 하면 죽을 것이요,
죽고자 하면 살 것이니,
목숨과 바꿔서라도
조국을 지키고 싶은 자는 나를 따르라"는 사자후에 호응
사기충천하여 일어선 부하들

예수님의
"자기 목숨을 얻은 자는 잃을 것이요,
나를 위하여 자기 목숨을 잃은 자는 얻으리라"는
말씀과 다름이 아닌 것을
이순신 장군은 우리 민족이 낳은 넬슨이셨지
죽음으로써 조국과 민족을 구해낸

13척의 판옥선으로
울돌목 해전에서 일본군을 대파하고
마지막 노량해전에서
대혈투 끝에 장렬한 최후

오로지 고뇌하면서 이기고
이기면서 고뇌하는 인간 이순신

제왕과 신하와 백성의 도를
장군과 부하의 도를
의와 불의의 도를
이기고도 죽는 도를
죽고도 영원히 사는 참 삶의 도를
장군은 우리 백성의 가슴에 심어주셨지

아아, 이순신 장군!

비폭력 대화법

손주 초등학교 '비폭력 대화법' 연수에 딸과 함께했다.
지도 선생님의 설명 후 연수가 시작되었다
두 사람씩 짝을 지어 한 사람은 엄마 또 한 사람은 자녀가 되어

느닷없는 연기에 처음엔 여기저기서 하하 호호
웃음보가 터졌으나 절실한 현실 문제였기에
어느새 실감나는 연기들이 행해졌다

꾸밈없는 마음들이 표출되어 장관을 연출하고 있을 때
갑자기 "끝" 외치는 지도 선생님
"이러다 자녀들 잡겠어요"
실내는 박장대소가 터져 나왔다. 최선을 다한
엄마 역할, 자녀 역할이 나름대로 허락된 분위기 안에서
'짜증과 분노'의 터트림이므로 모두가 통쾌했다.

무의식중에 우리 부모들이 얼마나 어이없는 언어폭력으로
자녀에게 상처를 안겨주는지 적나라하게 보여준 순간들이었다

내 남편, 내 아내, 내 자녀이기에 기대치에 못 미칠 때의
황당함이 비인간으로 몰고 가 상처를 주었음이다

이웃집 자녀로 객관화 시켜보라
귀 아닌 마음으로 들어라
예, 아니오의 닫힌 질문 아닌 열린 질문을 하라

너 중심 화법 아닌 나 중심 화법으로
자녀를 인격체로 바라보라
대화만큼 좋은 교육은 없다

우리네 부모들이 익히 다 알고 있는 대화법 아닌가
알고도 삶 속에서 적용하려는 의지의 부재가 문제일 뿐

오늘날 우리 가정과 사회, 국가 간의 모든 문제의
화두는 신뢰 회복임을

리차드에게

매일 아침 7시
양문산(羊門山) 산책을 마친 발걸음을 재촉해
공장에 들른다

야간 근무 중인 리차드와 그의 동료들의 안녕과
기계들의 수고에 답하고
미처 손 가지 못한 구석에
마음의 손을 보태기 위함이다

공장 문을 들어서는 순간
기계들의 뜨거운 열기가 숨통을 옥죈다
대형 선풍기의 위용도 무색하게
더운 공기만 품어내는 공장 안

리차드와 그의 동료들은 밤새운 푸석한 얼굴로
쓴웃음을 지으며 고개를 살살 흔든다
그래 정말 무덥구나
나도 고개를 끄덕이며 응수한다

가족들 떠난 먼 이국땅에서
3D 업종도 마다치 않고
고군분투하는 이들이 고맙고
믿음직스러워 목이 멘다
이들이 없다면 이 나라 중소기업의
야간작업은 이미 끝났을 터

30년 전 이 땅의 일류대학 출신들이
머나먼 이국땅에서 광부로 간호사로 일해
조국을 부흥시킨 일이 엊그제 같은데

대학을 졸업한 이국인(異國人)들이
이 나라의 중소기업을 감당하는 이 격세지감(隔世之感)
눈망울이 맑고 믿음직스러운 리차드여
그대들의 수고로 '상경'이 존재하고
중소기업들이 활성화되고 있음을 감사한다

안고 온 그대들의 코리안 드림도 마음껏 펼치길
오늘의 수고가 결코 헛되질 않고
그대들의 조국도 부흥의 기치
높이 들려질 날 오리니

일월(日月)이 가르치네

아침마다 나를 부르는 소리 있어
이끌리어 오늘도 호암산에 오르네

오색꽃 찬란히 무리지어 피고 지고
온 세상이 녹색의 장원으로 펼쳐나가네

상봉(上峰)에 오르던 중 층계 옆
시문대의 시(詩)가 눈에 확 들어오네

그 꽃

내려갈 때
보았네
올라갈 때
보지 못한
그 꽃
\- 고은

갑자기 부풀었던 마음이
싸아 하니 깊이 갈아 앉네

젊음이 무르익던 시절엔
보이지 않던 이 시(詩)

생의 내리막길에서 비로소
내 마음에 들어 왔네

흐르는 일월(日月)을 그 누가
섧다 하리

흐르면서 내게 가르친
연륜(年輪)이 그 얼만데

이 생 다하는 날까지
배워온 지혜대로

곱게
또 곱게 누리며 살으리

빅 오더(Big Order)

때는 9월 중순, 9월 말이면 기존 오더가 끝나므로 다음 달 주문이 있어야 할 터인데 팩스다 전화다 바리바리 보내보지만 유럽도 불황 탓인지 재고조사 한 후 연락하겠다더니 깜깜무소식 하루가 번쩍 가고 1주일이 훌쩍 가고 어느새 보름이 날아갔다 출근하면 온종일 해바라기 목이다 간혹 팩스 소리만 들리면 뛰어가 본다

김 양도 나도, 경쟁이라도 하듯, 쓸데없는 여행광고요, 안내문들이 화를 돋운다 허긴 생존경쟁시대이니 저들도 최선을 다했겠지만 우선 내수판매로 만족하며 여유를 갖자고 자신을 달래본다 국내라면 몇 번이고 달려갔겠지만 먼 유럽 땅을 향해 오매불망 마음짓을 다해볼 뿐

드디어 9월 21일 새벽 산책길에 들른 사무실에서 안집으로 그이의 인터폰이 왔다

"여보! 왔소. 오더가 말이오. 이태리와 프랑스에서 빅 오더요!"

"그래요 잘됐네요"

그래 빨리 상경가족들에게 기쁜 소식 전해야지 빨리 8시가 되어야 할 텐데 함께 염려하고 함께 기도하는 상경가족이여 상경이여 영원하라

제6부

시집 평설

사랑연습의 시적 형상화 돋보여

박진환
(시인 • 문학평론가)

1. 前提

사랑은 일체를 달성한다는 영국인들이 즐겨쓰는 말이 있다. 바라는 것이 이루어지기를 염원하는 희망이었건, 이루어짐으로써 행복에 값하는 발원이었건, 언젠가는 이루어지리라고 믿으며 기구하는 所望思考였건 간에 사랑은 이를 성취시켜주는 정신적이고도 내면적인 힘으로 작용한다는 요지를 담고 있는 말일 듯싶다.

그렇다고 이 말이 절대진리일 수는 없다. 사랑으로 이룰 수 없는 것도 얼마든지 있고, 또 이를 체험을 통해 배운 바도 없지 않다. 사랑하면서도 헤어져야 하는 별리가 그러하고, 어쩔 수 없이 하늘의 뜻으로 사별하는 경우가 또한 그러하기 때문이다.

해석이야 어쨌건, 사랑이란 힘의 위대함을 강조한 것이겠지만 그렇다고 과장이라고 볼 수는 없다. 실제로 사랑은 불가능한 것들을 실현시켜주는 위대한 정신능력이란 사실을 아무도 부정할 수 없기 때문이다. 정신적 능력으로서의 사랑에 의해 달성될 수 있는 일체의 것은 어쩌면 인간의 한계를 초월하는 능력일 수 있다. 영국의 시인이었던 스코트는 진실된 사랑은 오로지 사람에게만 신이 준 선물이라고 피력한 바 있다.

신이 준 선물로서의 사랑, 그것은 달리 풀이하면 인간의 능력이기도 하지만 그보다는 신이 준 위대한 정신적인 힘일 수도 있게 된다. 그러기 때문에 일체를 달성할 수 있는 힘으로 작용할 수 있을 것으로 보아줄 수 있기 때문이다.

사랑은 배워서 익히고 익혀 실천하는 것이라기보다 보다 근원적인 것인지도 모른다. 사랑이란 모든 인간의 생명과 같이 날 때부터 가지고 태어나는 천부성을 지니고 있고 그 때문에 인위적이라기보다 천성적이라 할 수 있다. 이러한 천성적인 사랑을 인간을 위해 베풀고자 부단히 노력하는 '사랑연습' 중인 시인이 있다. 시집 『카이로스의 여정 속으로』를 들고 나온 박경서 시인이 장본인이다.

시인 스스로가 시집 머리글로 쓴 「시인의 말」에 의하

면 "이번 시집 『카이로스의 여정 속으로』는 10년이란 세월동안 좀더 깊은 경지로 나를 단련시키려는 연습과정을 노래해 보았다. 나를 내려놓으며 열린 마음으로 이웃에게 다가가려는 사랑연습이라 할까"라고 설의하고 있다.

여기에서의 '사랑연습'은 두 경로를 지니고 있다. 하나는 '좀더 깊은 경지로 나를 단련시키려는' 연습과정이고, 다른 하나는 '나를 내려놓으며 열린 마음으로 이웃에게 다가가려는' 연습이다. 그러나 잘 음미해 보면 시인이 '연습이라고나 할까'로 설의한 그 속엔 이원론적이 아닌 단일한 연습이란 점을 읽게 해주고 있는데 글의 외연과는 달리 그 이면엔 연습의 이중성이 하나의 연습과정으로 합일 되고 있음을 보여주고 있기 때문이다.

'나를 단련시키려는 연습 과정'은 곧 '열린 마음으로 이웃에게 다가가려는 사랑연습'으로 연계되고 이는 '사랑연습'이 이웃에게 다가가려는, 스스로를 낮췄을 때만이 열리기 마련인 '마음 열기', 곧 사랑과 사랑으로 이어내는 사랑의 실천연습쯤이었을 것으로 측정하기는 어렵지 않다.

사랑을 천성적인 것으로 보아주었을 때의 천부성으로서의 사랑이거나, 신이 인간에게 준 선물로서의 사랑, 그 어느 것이었건 간에 이를 이웃과 더불어 실천함으로써 실현하고자 하는 '사랑연습'은 일종의 기독적 박애정신으로 이해될 수 있을 것으로 본다. 그것은 박경서 시인이 독실한 크리스천이란 점과 크리스천 정신을 실천하고자 부단히 노력하는 시인이란 점과 함께 이번에 상재한 시집 『카이로스의 여정 속으로』의 시편들을 신앙시편에서 출발시키고 있기 때문이다.

시집으로 돌아갔을 때 시인이 들고 나온 '사랑연습'의 실체나 전모는 그 양태를 드러낼 것으로 보여진다.

2. 신앙시편 읽기

신앙이란 열망의 모습을 가진 사랑이라고 말한 것은 W. E. 차닝이다. 열망의 모습, 그것은 무엇인가를 간절히 바람하는, 중단됨이 없는 발원에 기초한다. 그리고 중단됨이 없다는 것은 필요에 의한다거나 목적을 위해 그때그때 동원되는 정신지향이 아니라 항속적으로 유지하는 인류의 본질 속에 숨어있는 초자연적인 절대자, 창조자 또는 종교 대상에 대한 자비, 사랑, 의뢰심을 의탁하는 그런 정신적 지속성이다.

이러한 이치는 중단됨이 없이 부단히 지속적이란 점에서 연습과 그 궤를 같이 한다고 할 수 있다. 연습은 부분이 아닌 전부를 의미하기 때문이다. 박경서 시인의 '사랑연습'도 같은 이치와 맥락을 같이 한다. 연습이란 그 무엇인가를 반복하여 익히는 것을 이름이기 때문이다. 여기에서 '사랑연습'은 신앙의 지속적 발현과 그 맥락을 잇대이게 된다.

박경서 시인이 독실한 기독교 신자란 건 익히 알고 있는 사실이다. 그리고 기독교 정신의 요체가 박애주의에 기초한다는 것도 잘 알고 있는 바다. 이기심을 버렸을 때 비로소 깨닫게 되는 이타정신으로서의 작게는 인인애에서 크게는 인류애를 정신덕목으로 한 종교적 바탕에 근거한 사랑이 곧 그것이다.

이러한 기독정신에서 보면 박경서 시인의 '사랑연습'은 작게는 '인인애'를, 크게는 인류애를 발상으로 해서 시를 출발시킨 두 시역을 설정한 것이 된다. 이 두 시역의 시를 제시, 구체화했을 때 '사랑연습'의 구체적 전모는 드러날 것으로 여겨진다.

'공수래공수거(空手來空手去)'라는데

날이면 날마다
열 손가락 좌악벌려 욕망의 주머니
거머쥐기 위한 투쟁의 삶을 살고 있네

내게 무릎 꿇으면
천하를 다 주겠다는 마귀를 물리치신 주님
골고다 언덕에서
물과 피를 다 쏟으시며 형극의 길 가셨네

천하 만물이 주님의 손바닥 안에 있음에도

부귀영화도 한 줌의 모래알이요
혈정도 우정도 한가닥 바람인 것을
오직 오척단구 뉘일 곳으로 족할 뿐,

바라기는 위선의 허울 벗어 버리고
주님의 청지기로만,
세상의 빛과 소금으로만 살고 싶네

예시는 「무소유를 위하여」의 전문이다. '욕망의 주머니', '부귀영화', '혈정', '우정'까지도 모래알이나 바람으로 보는 비움의 바탕에는 '위선과 허울을 벗어'버렸을 때만이 터득하게 되는 자아의 발견이 들어 있다. 그리고 이러한 발견은 소유로부터 자유로웠을 때만이 가능한 자유함에서 비롯된다.

여기에서 자유함이란 이기적 자아로부터 해방된 이타적 정신만이 자각하고 터득할 수 있는 구속이 없는 자유로움이다. 그리고 이러한 자유로움은 소유로부터 벗어났을 때보다 아낌없이 다 주어버렸을 때 비워지는 무소유의 경지다. 또 다른 시 「그대와 나」에서 볼 수 있듯이 '그대와 나/나와 그대는 걷는 길 하나이듯/우리는 하나인 불이(不二)인

것을'과도 맥락을 같이한다. '비움'이 곧 '채움'이요. '채우면 비워야 하고', '비우지 않고는 채울 수 없다'는 反常合道의 경지에서만이 가능한 그런 무소유다.

욕망도 위선의 허울도 다 버리고 오직 '세상의 빛과 소금으로만 살고' 싶다는 시 종행이 말해주고 있는 기독정신에서 시인의 무소유가 무엇을 말해주고 있는지는 극명해지고 있다.

'주님의 청지기'이기를 자청하는 신앙에서 출발시킨 예시는 시인의 신앙심과 시심을 함께 말해주고 있어 시적 접근을 위한 통로 구실을 해주고 있다.

왜 내겐 슬쩍 비켜만 가는 것일까 하고
비통해 하진 않았을 것을

오히려 무엇이나 홀로 섭렵하며 키워진 자립심에
감사했을 것을
지금 깨달아 알게 된 모든 것들이
주님의 예비하신 손길임을 좀 더 일찍 알았더라면
주어진 것들에 겸손히 무릎 꿇고 감사했으리라

욥처럼 요셉처럼 고난을 축복의 기회로 바꾸시는
하나님을 더욱 의지하고 사랑하였으리라

받은 바의 은혜에 감사하며
내가 먼저 손 내밀고 이웃을 포용하였으리라

주님의 손길을 좀 더 일찍 알았더라면

예시는 「좀 더 일찍 알았더라면」의 일부이거니와 앞의 예시가 시인 스스로의 신앙적 다짐이었다면 예시는 비로소 주님의 은총이나 사랑을 깨닫고 버리지 못했던 자신을 버림으로써 자애와 함께 인인애를 실천해보려는 뉘우침을 발상으로 하고 있다. 그리고 이러한 뉘우침은 '내가 먼저 손 내밀고 이웃을 포용하였으리라'고 비로소 자신에게서 이웃이라는 인인애로 확산되는 경로를 말해주는 것이다.

스스로가 겪었던 슬픔, 미움, 시샘 등이 역경의 고난이 아닌, 일찍이 주님의 손길을 깨닫지 못한 때문이었다는 자책감이 일깨우는 '주님의 손길'을 빌어 시인은 미처 몰랐던 것들을 시적 경지로 승화, 비로소 사랑의 실천이라는 신앙의 정도를 걷게 된다.

그리고 이 정도에서 발견한 것이 사랑의 위대한 실천을 통한 신앙의 실현에 도달한 제2부 「성경속의 위대한 여인상」 들이다.

지혜로운 며느리 다말, 끈기로 승리한 여인 한나, 여선지자 드보라, 사랑스런 여인 룻, 기생 라합, 그리고 에스더, 밧세바, 아비가일, 세례 요한의 어머니 엘리사벳, 가나안 여인 등의 사랑의 실천을 통해 위대한 인류애를 실현한 성경속의 여인들을 시로써 재구성한 것은 기실 박경서 시인의 신앙적 대리 대상으로 보아줄 수 있다. 달리 지적하면 시인 스스로가 실천·실현하고 싶었던 종교적 이상을 성경속의 여인상을 빌어 시로써 형상화함으로써 시로써 실천하고 있다는 뜻이 된다. 그리고 제2부의 시편들은 제1부의 시편과 함께 제2의 시역을 말해준 것으로 볼 수 있는데 먼저 몇 편의 시를 제시해 본다.

가) 야곱의 넷째 아들 유다는 며느리 다말에게
"그가 나보다 옳도다" 했다
가계를 이으려는 소명을 이루기 위해 목숨 건 며느리의
지혜롭고 가상한 묘책이 적중했음에

시아버지 유다의 결단은 정당했음에 박수를 보내고 싶다
하나님은 백 프로 옳으신 분이시다
아무리 인간적으로 도덕적으로 약점이 충만할지라도
하나님이 옳다 하시면 옳은 것임을

'나보다 옳도다'는 하나님 앞에서
상대의 옳음을 인정한 말이나 쉽지는 않다
노력한다고 애쓴다고 나오는 말 아니다

오로지 '내 탓이오' '당신이 나보다 옳도다' 할 때만이

진정 화해가 이뤄지지 않을까

유다는 다말에게서 베레스와 세라를 얻어서 온 형제의 찬송이 되고 예수님의 조상이 되었고

다말은 대책 없는 유다 가계의 난제(難題)를 과감히 해결할 용기 있는 여인(女人)으로 우뚝 섰다

나) 기생 라합은 '우리 주 그리스도 안에 있는 영생' 이 구원의 비밀을 알았기에 또한 중요한 때를 알았다

정탐꾼 두 사람이 "눕기 전에" 지붕에 올라간 기생 라합 이 밤이 지나면 그들이 떠날 것이기에 가족의 구원 위해 절체절명의 소망을 이뤄낸 지혜로운 여인이었다

에스더의 실기하지 않고 "죽으면 죽으리라"라고 왕 앞에 섰기에 이스라엘 민족을 살렸고
수로보니게 여인은 개 취급 받으면서도 딸의 구원을 이루었다.

라합이 '눕기 전'에의 기회를 놓쳤다면
이스라엘 역사에 믿음의 조상으로 오래 기억 되었겠는가

오늘 우리에게 중요한 것도 '눕기 전에' 해야 할 일이다

구원의 기회가 다 지나가는데 게을러서 망설이다가
붙잡지 못하고 놓쳐버리고 나서 후회할 수 있음에

"눕기 전에" 믿지 않는 가족들 위해
"눕기 전에" 사랑하는 일가친지 이웃들 위해
기생 라합처럼 구원의 줄을 붙들어야지
구원의 불을 지펴 올려야지

앞의 예시 가)는 지혜로운 며느리 다말을 노래한 시 「나보다 옳도다」의 전문이고, 뒤의 시 나)는 기생 라합을 노래한 시 「눕기 전에」의 전문이다.

앞의 예시 가)에 등장한 다말은 성경속에 나타난 위대한 여인상의 하나로 지혜롭고, 결단력이 강하고, 과감히 난제를 해결할 줄 알았던 용기 있는 여인이었다. 며느리로써 가계를 이어나가기 위해 목숨을 걸 줄 알았던 용기·용단과 함께 지혜와 묘책에 능했던 지혜로운 여인 다말을 성경의 기록을 후경으로 설정, 시로써 형상화함으로써 전경화한 것은 위대한 여인상에 대한 이상화이기도 하지만 그 이면에는 시인의 삶과 연계 맥락을 잇대이고 있는 듯이 보인다.

박경서 시인은 相京섬유의 전무이사로 일하고 있다. 섬유산업의 활성화와 수출의 공로가 인정되어 대통령 표창을 받을 만큼 시인은 자신의 사업에 전념해온 전무이자 며느리이자 아내이자 어머니로서의 지혜와 용기와 과단

성을 총동원, 사업을 성공적으로 이끌어 온 시인이기 전에 한 사업가이기도 했다. 이러한 시인의 며느리로서의 삶이 지혜로운 며느리 다말과 잇대일 수 있었을 것이란 추정은 어렵지 않기 때문이다. 그렇다고 다말과 박경서 시인의 삶의 여정과 잇대임만으로만 보아버릴 수는 없다. 그것은 시인이 다말과 같은 사랑을 실천한 위대한 여인이고 싶었던 이상적 여인상을 신앙의 중심에 세우고 있었기 때문이란 점이 더 설득력으로 작용할 수 있을 것으로 보기 때문이다.

또 한편의 예시 나) 「눕기 전에」 도 지혜로운 여인상으로서의 기생 라합을 노래하고 있는데 이스라엘 역사에 믿음의 조상으로 오래 기억된 여인상으로 라합을 재구성해주고 있다. 구원의 비밀을 알았던 여인, 구원을 위해 절체절명의 소망을 이뤄냈던 여인으로서 이스라엘을 구했던 라합을 통해 '구원의 줄 붙들기', '구원의 불 지피기' 등을 연상으로 이끌어내 전경화한 예시도 신앙의 궁극이 구원에 잇대어 있다는 점에서 보면 박경서 시인의 돈독한 신앙과 신앙으로써 구원에 값하는 인류애의 실현을 시정신으로 하고 있다는 점에서 제2의 시역을 충실히 실천했던 것으로 보아줄 수 있다.

이 외에도 제3부 손주 세형이, 제4부 여행시편, 제5부 기타 시편이 시역을 설정하고 있으나 시역의 중심에서 벗어나고 있다고 여겨져 생략하기로 하거니와 이는 달리 시집 『카이로스의 여정 속으로』 의 중심은 역시 기독적 박애정신을 시심으로 차용, 작게는 인인애를, 크게는 인류애를 시역으로 설정, 기독적 교리를 후경으로 이를 시로써 전경화 하고 있다는데 시집의 중심이 놓여지고 있음을 말해준다고 할 수 있다.

3. 결어

이로써 시집 『카이로스의 여정 속으로』를 두 시역을 중심으로 조명해 본 셈이다. 이를 결론으로 집약하면 시집 『카이로스의 여정 속으로』는 시집 제목이 암시하듯 삶의 유한적 단절성을 말해주는 카이로스를 연속성으로서의 크로노스에 대응시켜 구원의 삶에 이르는 통로로 신앙으로 재구성, 형상으로 빚어냈다는 점에 귀결될 것으로 본다. 그리고 이러한 일련의 시적 형상화는 신앙인으로서의 최고의 삶을 구가하고 있다는 점에 박수를 보내고 싶다.

•

박경서 시인은 전남 강진 출신으로 본명은 박경자다. 서라벌예대를 거쳐 일본 하마마쓰 대학을 졸업했다. 『조선문학』에 시가 당선되어 문단에 데뷔했고 조선시문학상을 수상하였다. 2002년 수출의날 대통령 표창장을 수상하였다. 조선시 회장 및 조선문학문인회 회장을 역임하였다. 한국문인협회 · 국제펜클럽 한국본부 · 한국기독시인협회 · 조선시문학회 회원이다. 시집에 『바보연습』, 『카이로스의 여정』 등이 있다. 현재 상경섬유(주) 전무이사로 있다.

•

카이로스의 여정 속으로

2012년 12월 5일 인쇄
2012년 12월 15일 발행

지은이 / 박경서
발행인 / 박진환
펴낸곳 / 조선문학사
등록번호 / 1-2733
주소 · 110-092 서울 서대문구 홍제2동 96-4
대표전화 / 730-2255
팩스 / 723-9373

ISBN 978-89-98115-06-7

정가 10,000원

* 인지는 저자와 합의 하에 생략
* 잘못된 책은 서점에서 교환해 드립니다.